La Sorella Di Giacomo Leopardi

Pascal, Carlo, 1866-1926

Nabu Public Domain Reprints:

You are holding a reproduction of an original work published before 1923 that is in the public domain in the United States of America, and possibly other countries. You may freely copy and distribute this work as no entity (individual or corporate) has a copyright on the body of the work. This book may contain prior copyright references, and library stamps (as most of these works were scanned from library copies). These have been scanned and retained as part of the historical artifact.

This book may have occasional imperfections such as missing or blurred pages, poor pictures, errant marks, etc. that were either part of the original artifact, or were introduced by the scanning process. We believe this work is culturally important, and despite the imperfections, have elected to bring it back into print as part of our continuing commitment to the preservation of printed works worldwide. We appreciate your understanding of the imperfections in the preservation process, and hope you enjoy this valuable book.

3/8/63

LA SORELLA DI GIACOMO LEOPARDI.

DEL MEDESIMO AUTORE:

Visioni storiche . . . . L. 6 —
   Legato in tela . . . . 9 —

CARLO PASCAL

LA SORELLA
DI
GIACOMO LEOPARDI

MILANO
Fratelli Treves, Editori
1921.

PROPRIETÀ LETTERARIA.

I diritti di riproduzione e di traduzione sono riservati per tutti i paesi, compresi la Svezia, la Norvegia e l'Olanda.

Milano - Tip. Treves.

ALLA MEMORIA A ME SEMPRE CARA

DI

GIOVANNI CANNA

CHE SERBÒ CANDIDO E PURO NEL CUORE

PER TUTTA LA VITA

IL CULTO DELLA IDEALITÀ FEMMINILE

ED AMÒ PROFONDAMENTE LA SCUOLA

PUR QUANDO ESSA GLI DETTE AMAREZZE E DOLORI

La sorella di Giacomo Leopardi

Di Paolina Leopardi sono conosciute, oltre alcune lettere sparse, quelle che essa scrisse per lunghi anni alle due sorelle Brighenti; e recentemente è stata trovata tra le carte della eredità Tommasini di Parma un'altra sua breve corrispondenza, della quale speriamo prossima la pubblicazione. G. S. Clerici ha dato un saggio di questa raccolta inedita, pubblicando due belle lettere della Paolina al Giordani ed una ad Antonietta Tommasini,[1]) la quale ultima noi vogliamo subito riportare, giacchè essa fa vedere (pensa giustamente il Clerici) come la profondità del dolore fosse intonata con quella del fratello di lei, e non disdirebbe fra le prose di quel grande. Eccola: «Della mia salute non vi parlo: io sto sempre bene; passo però la vita in una inattività completa di tutte le facoltà fisiche e morali. Certo io non ho alcuno cui voglia male, ma se anche avessi in odio qualcuno, non avrei cuore di desiderare che egli menasse una vita

---

[1]) Nella rivista *Aurea Parma*, Parma, marzo-aprile 1920. pag. 122-4.

uguale alla mia, priva di ogni sorta di speranza, se non è quella sola di andarmene presto da questo mondo. Antonietta mia, voi non avete idea affatto di quanto si può patire in una prigione come la mia, in un paese orrido ed odiatissimo, senza avere alcuna rimembranza piacevole del passato, con un presente che uccide e con l'aspetto dell'avvenire desolante. No, non è possibile che ne abbiate alcuna idea o almeno credereste che in tal modo non si possa vivere. Ebbene, io vivo in questa atmosfera, con un cuore ardente, ma sempre costretto a raffreddarsi, con un'anima che era sensibile, ma che la cattiveria degli uomini e l'esperienza della vita ha renduta torpida e dura; io ci vivo, ma qualche volta non so se sono più viva o no, ed infinite volte pur vorrei non esserlo». Questa lettera ci rivela già in parte l'anima di Paolina. Ma quest'anima noi la conosciamo per la maggiore corrispondenza, che, come ho sopra detto essa ebbe con le due sorelle Marianna ed Anna Brighenti, e che Emilio Costa pubblicò a Parma nel 1887.[1]) Sono lettere scritte in piena confi-

---

[1] *Lettere di* PAOLINA LEOPARDI *a Marianna ed Anna Brighenti pubblicate da* EMILIO COSTA. (Parma, Luigi Battei, 1887.) Da questa corrispondenza è tratta in gran parte la materia per i due lavori del Costa stesso: *Paolina Leopardi* (*Fanfulla della Domenica*, 17 luglio 1887; *Note Leopardiane*, Parma, Luigi Battei, editore) e *Paolina Leopardi e le figlie di Pietro Brighenti* (*Giornale storico della L*

denza, di nascosto dei genitori, come se fossero lettere di amori furtivi; sicchè le risposte delle Brighenti dovevano essere indirizzate ad interposta persona, certo Sebastiano Sanchini, e la Paolina scriveva le sue di notte, nel silenzio della biblioteca paterna. E perchè poi tutto questo segreto, trattandosi di lettere così candide ed innocenti? Ce lo dice la Paolina stessa,[1] parlando della madre. Essa, ella dice, «vede con gran dispiacere, anzi non vuol soffrire che io faccia amicizia con alcuno, perchè (dice essa) ciò distoglie dall'amore di Dio; e non può vedere nessuno soprascritto di lettera a me diretta, fosse anche del suo Santo protettore. Ed è per questo che io vi ho pregata a cambiare la direzione della vostra, come avete fatto, e come vi compiacerete di continuare». Eppure questa corrispondenza, clandestina per una così strana ragione, continuò per lunghi anni; e l'amicizia di Paolina per le due sorelle durò inalterata per quarant'anni, dal 1829 al 1869; durò con una cordialità, con un bisogno vivo di espansioni, con un desiderio di conforto nell'amarezza della so-

---

teratura italiana, vol. VIII, fasc. 3.°). Vedi anche la *Prefazione* del Costa (pagg. v-xix) alla edizione citata delle *Lettere* di Paolina, ed EMMA BOGHEN-CONIGLIANI, *La donna nella vita e nelle opere di Giacomo Leopardi* (Firenze, Barbèra, 1898), pag. 59-116; CAMILLO ANTONA TRAVERSI, *Paolina Leopardi* (*Vita italiana*, Roma, 10 settembre 1896).

[1] *Lettere* cit., pag. 8.

litudine, che fa tanto più ammirare in Paolina la sincerità schietta, ingenua, affettuosa verso le due sconosciute amiche, ed in queste, di cui la sorella maggiore era cantante famosa, e che erano entrambe avvezze a viaggi, a trionfi mondani, a vita varia e piena di impressioni sempre nuove, in queste, dico, fa ammirare il simpatico interessamento verso la povera giovane, prigioniera della casa paterna, che apriva ad esse tutto il suo cuore e versava nel loro le amarezze sue. Eppure queste donne non si conoscevano, e per lunghissimi anni non si videro; anzi, quando nel 1831 le Brighenti erano per venire a Fermo, a poca distanza da Recanati, la povera Paolina fu costretta a scrivere loro che neppure quella poteva essere occasione propizia per conoscersi; chè, quando anche fossero venute a Recanati, nè alla chiesa nè dalla finestra avrebbe potuto scambiare uno sguardo con esse.[1] «Con una menomissima parte di quella libertà che godono tutti quelli che vivono, io godrei almeno un momento della ineffabile gioia che voi, o care, mi fareste provare; ma io non mi azzardo a dire il rigidissimo sistema di osservazione in cui io sono tenuta, e che mi fa sicura di non dover trovare pace fuorchè.... già comprendi dove».[2] Quanti sprazzi di luce sull'oscura tra-

---

[1] *Lettere*, pag. 40.
[2] *Ivi*, pag. 38.

gedia di questa anima travagliata e su quella del suo grande Giacomo, e sulla infelice trama di fuga dalla casa paterna, che questi aveva ordito.[1]) Così visse questa dolente, senza uscir mai da Recanati, eccetto le poche volte che i genitori l'accompagnarono a visitare la casa di Loreto; visse ora rassegnata, ora impaziente, ma non mai ribelle, rispettosa sempre, amorosa sempre; visse reprimendo i moti del cuore, spegnendo gli ardori, tacendo quasi sempre e spesso sognando. Di lei così scrisse nelle *Note biografiche* la Teja:[2]) «La sua vita tutta trascorse nell'adempimento dei suoi doveri di figlia e sorella amantissima. Oltre la modestia e il candore, che la rendevano sommamente amabile, quello che sopratutto colpiva in essa era una indulgenza, una bontà che toccava il cuore. Il suo spirito era colto e gentile, ma non lo mostrò che nelle sue lettere ed anche solo nelle più intime.» E l'Avòli:[3]) «La sua memoria è rimasta in benedizione presso quanti la conobbero e andrà sempre unita a quella di Monaldo e di Giacomo, figlia e sorella amorevolissima, esemplare.»

[1]) Cfr. PIERGILI, *Le tre lettere di G. Leopardi intorno alla divisata fuga dalla casa paterna*, Torino e Roma. Loescher, 1880; *Epistol.* I, 227-28; CHIARINI, *Vita di G. L.*, Firenze, Barbèra, 126-7; SCHERILLO, *Vita* premessa a *I Canti di G. L.* pag. 15 sgg.

[2]) TERESA TEJA LEOPARDI, *Note biografiche sopra L. e la sua famiglia*, Milano. 1882. pagg. 77-78.

[3]) *Autobiografia* di Monaldo Leopardi, con appendice. Roma, 1883, pag. 313.

Addentriamoci ancora di più, sulla scorta specialmente delle sue ingenue confidenze, nella conoscenza di questa fine anima femminile. Ed anzitutto vediamo il mondo che la circondava, la vita che era costretta a condurre. La vita era nel «natio borgo selvaggio». Fra gli altri motivi, ella scrive,[1] che hanno renduto così triste la mia vita, e che hanno disseccato in me le sorgenti dell'allegrezza, uno è il vivere in Recanati, soggiorno abbominevole ed odiosissimo». Par di sentire il lamento angoscioso del fratello:[2] «io non voglio vivere in Recanati», e le parole desolate con le quali attesta al Perticari che egli si consuma e distrugge in quella prigione, «vivendo sempre sepolto in un paese dove non è conosciuto neanche il nome delle lettere».[3] E nelle confidenze sue Giacomo chiamava Recanati orrida tana,[4] la città più incolta e morta di tutta la Marca,[5] miserabile città o piuttosto

[1] *Lettere* cit., pag. 8.
[2] *Epist.* I, pag. 222.
[3] PIERGILI, *Nuovi doc. intorno alla vita e agli scritti di G. Leopardi*, pag. 177.
[4] *Epistol.* I, n. 12, pag. 34.
[5] *Ivi*, n. 98, pag. 193.

sepoltura,[1] formidabile deserto del mondo,[2] caverna.[3]

La vita che la giovanetta conduceva a Recanati era per lei, come ella spesso dice, una catena, una prigione. Di cuore ardente, di immaginazione fervida, avrebbe voluto viaggiare, conoscere il mondo, avere sensazioni ed impressioni nuove; e la sua vita invece scorreva monotona, malinconica e triste, lontana dalle persone che più amava e che più l'amavano, senza diletti e senza gioie. A Marianna Brighenti, costretta dalla sua professione a girovagare per il mondo, essa apre anche in questo l'animo suo: «Quanto ti invidio, essa scrive,[4] questa tua vita! Davvero ora vedo bene che tutto è vanità a questo mondo, come ai tempi di Salomone, e per queste potessi mettermi in un legno di posta e fare tutto il mondo (scendendo qualche volta a prender posto in qualche bastimento) per i pochi anni che mi restano a vivere, vivendo sempre *sola*, e vedendo sempre le bellezze e le bruttezze della natura, oh, allora sì sarei felice. Perchè non puoi credere quanto abbia tormentata sempre il pensiero che vi è qualche cosa a questo mondo che io non ho mai! E se queste poi son belle, belle assai,

Epistol., n. 136, pag. 236.
Ivi, n. 88, pag. 175.
Ivi, n. 70, pag. 155; n. 12, pag. 36.
Lettere, pag. 186.

come le ghiacciaie della Svizzera, il ciclo di Napoli, un'aurora boreale a Pietroburgo, immagina quanto devo penare io, che non posso arrivare ancora a vedere tutti i bei punti di vista di questo mio villaggio, che non sono pochi, e quanto soffro nel reprimere i palpiti del mio cuore e gli slanci della mia immaginazione, tutte le volte che m'incontro a leggere dettagli di viaggi, descrizioni di luoghi ameni; e allora piango e getto via il libro; poi non so darmi pace di questo triste mio stato e di questa vita monotona e uniforme da morire. E sempre più invidio la sorte dei contadini, ai quali la loro testa non dà punto tormento come la nostra a noi, che ci fa passare tutti i giorni pieni di desideri ardenti, che non giungeranno mai a realizzarsi». Come si vede, la filosofia della buona Paolina è proprio quella di Giacomo: l'ingegno e il sentimento son la principale causa della infelicità umana. «Se io potessi, scrive altrove la giovane desolata,[1]) cambiare questa mia testa e questo mio cuore con la più sciocca testa ed il più freddo cuore che fosse al mondo, lo farei volentieri, e certo sarei allora più felice e più lieta.» Il povero Giacomo nel proemio a quella *Storia di un'anima*, che egli divisò, ma non scrisse, dichiarò parimenti:[2]) «Considerata già da

---

[1]) *Lettere*, pag. 99.
[2]) *Scritti varii inediti tratti dalle carte napoletane*. pag. 386.

gran tempo bene e maturamente ogni cosa, stimerei fare un infinito guadagno se potessi (e potendo non mancherei di farlo in questo medesimo punto), scambiare l'animo mio con qualsifosse fra tutti il più freddo e più stupido animo di creatura umana». Come è noto, a sviluppare appunto tal concetto è dedicato il dialogo tra la *Natura e un'anima*. Giudichino i lettori se più ragione di Giacomo e della sorella sua avesse Antonio Ranieri, quando chiamò il Leopardi «felicissimo tra infiniti mortali, i quali ad avere il suo ingegno quasi sovrumano e incredibile, avrebbero tolto di vivere assai più infermi e di morire assai più giovani di lui».[1]

La nostra Paolina dunque ricercava in sè stessa la principale ragione della infelicità sua. L'abitudine alla meditazione ed al raccoglimento, l'esame minuto e tormentoso, che ella faceva continuamente dei sentimenti suoi, acuiva le potenze del suo spirito, ingrandiva i fantasmi dei suoi sogni, le faceva sentire più desolante il vuoto della realtà. V'è qualche pagina da lei scritta, in cui quest'analisi quasi spietata di sè stessa le suggerisce espressioni di rude sincerità, che ci rivelano insieme tutto il candore e la bellezza di quell'anima. Leggiamo una di queste pagine: «Non vorrei mai averti afflitta per mia cagione, essa scrive alla sua amica;[2] quel giorno in

---

[1] *Omnibus pittoresco*, 20 ottobre 1838.
[2] *Lettere*, pag. 98 (14 aprile 1832).

cui ti scrivevo, piangevo caldamente; ma non
è vero che il pensiero di te non mi consolasse in
quel momento, come mi consola sempre. Bisognerebbe che io fossi vicino a te per farti vedere quanto mai mi sei cara, ed allora io piangerei assai meno l'acerbità del mio destino. Il
mio destino mi fa orrore: cosa ci vuoi fare,
Nina mia? Omai non si può più cambiare, ed
è lungo tempo che io sapevo di essere nel numero copiosissimo di quelle, di cui la vita non
consiste più che in desideri, in speranze destinate a non compiersi mai; pure — potrei dire —
contra spem credidi — ma mi sono ingannata,
crudelmente ingannata, e questo pensiero mi
rende malinconica, e questa malinconia mi fa
piangere — poi io mi vergogno del pianto e dico
che la vita è breve: ma come posso dirlo se i
giorni per me sembrano secoli? E non deve essere così, quando in ogni giorno dell'anno al mio
destarmi non vedo davanti agli occhi un sol minuto di questo giorno che mi prometta una sensazione piacevole, nemmeno uno? Oh, io lo dico
sempre, che sfido chiunque, anche di un animo
il più ottuso, il più privo di sentimenti vivaci,
che sia capace di vivere questa mia vita per una
settimana sola; eppure, io non sono intesa, no,
non lo sono! Ah sì, hanno ragione, è vero! Io ho
da mangiare quanto voglio, posso lavorare e
non lavorare, se mi piace: non sono innumerabili quelli che si chiamerebbero felicissimi, se

potessero fare questa mia vita? Dunque sono io
che non mi contento mai, che ho dei desideri in-
saziabili (poichè il mangiare e il dormire non
mi contenta), che formo l'infelicità mia, e l'altrui. È vero, io non me ne ero accorta!» — In
quelle discrete parole: «hanno ragione, è vero,
non me ne ero accorta», è senza dubbio un'eco
delle discussioni e dei dibattiti, forse concitati,
che avvenivano in famiglia. Probabilmente i genitori la rimproveravano vedendola malinconica e triste, e le rammentavano che innumere-
voli persone si sarebbero reputate felicissime a
far la sua vita e le domandavano che cosa infine
le mancasse: la nostra povera giovane ripete
quelle ragioni, fingendo con desolata ironia es-
serne vinta.

Eppure chi le avrebbe detto che 17 anni dopo,
per effetto di quella illusione, che la lontananza
dei ricordi produce nell'animo nostro, essa
avrebbe chiamato felici questi tempi che or le
sembravano orridi? Diciassette anni dopo, il
fratello Giacomo era morto già da gran tempo, e la
sua sorella, annunziando all'amica la pubblicazione delle lettere di lui, nota che a leggerle
le sembrerà di tornare a quei tempi tanto meno
infelici, quando egli viveva. E ne prende occasione per fare qualche fine osservazione su
quello effetto che il ricordo del passato produce
in noi, facendoci parere tutto bello quel che va
lontanando nel tempo. «Oh! misera condizione

della vita umana! essa scrive.[1] L'uomo non si avvede della sua felicità e della sua sorte meno triste se non lungo tempo dopo, quando non vien dato più di goderne. Noi non dicevamo certo di essere felici in quei tempi, anzi ce ne disperavamo; pure, chi non li chiama ora felici?» Come nel fratello, così anche in lei la mente è sempre vigile a cogliere il significato dei fatti, a intravvedere i rapporti tra essi, a trarne conseguenze filosofiche ed ammaestramenti morali.

●

Ma quale era questo tenore di vita domestica, che aveva già reso insopportabile a Giacomo la prigione della casa paterna, e che ora angosciava questa altra anima eletta e solitaria? La casa era dominata dall'imperio assoluto della madre e del padre, più della prima che del secondo. Le figure dei due genitori, per più rispetti interessantissime, non ci si presentano sostanzialmente diverse negli accenni di Giacomo e nelle rappresentazioni piene di verità che ne fa Paolina; ma si sente che quello è mosso da un sentimento più concitato, e quasi da un impeto più ribelle, che lo fa talora oblioso ed anzi sprezzante di ogni riguardo; e che Paolina invece è più pia,

---

[1] *Lettere*, pag. 289.

più equanime, più serena: studiosa di non venir mai meno, neppure nel pensiero, al dovere del rispetto filiale, premurosa di riconoscere e di attestare le doti paterne e materne. E cominciamo dal padre, Monaldo. Io non dirò certo una cosa peregrina, dichiarando che senza Monaldo non sarebbe stato Giacomo; ma io voglio dire che non poca parte dell'anima di Giacomo si spiega e si comprende guardando a Monaldo, e che in questo troviamo quasi i germi, che maturarono poi gloriosamente nel grande figliuolo. Apporterò qualche esempio. Chi non sa che Giacomo aveva l'abitudine di guardare entro l'anima propria e segnare con cura minuta giorno per giorno il ricordo degli studi fatti, delle solitarie meditazioni, degli accorati pensieri? Nel 1817 egli incominciò il suo *Diario d'amore*, nel 1819 gli *Appunti e ricordi*, nel 1828 cominciò a scrivere la *Storia di un'anima*, cioè della propria anima; per molti anni riempì di ricordi e di pensieri e di appunti le migliaia di pagine dello Zibaldone.

Quest'abito di vigile esame della sua coscienza, questa cura minuta di segnare gli avvenimenti giornalieri, era una eredità psichica paterna; perchè Monaldo oltre un'*Autobiografia*[1]) scrisse pure un *Diario*, in cui segnò gli avvenimenti di

---

[1]) Pubblicata da ALESSANDRO AVOLI, *Autobiografia di Monaldo Leopardi*, Roma, 1883.

qualche importanza che gli accadevano,[1]) diario del quale mi piace trarre per curiosità un appunto solo, in data 18 ottobre 1803: «Quest'oggi colla Posta si è saputo l'esito infelice dell'areonauta Zambeccari e suoi compagni. La disgrazia di questi sospenderà forse per qualche anno somiglianti aerei tentativi, i quali io però credo che purtroppo arriveranno ad arrecare una certa perfezione all'arte di viaggiare nell'aria, e quindi agli uomini un mezzo nuovo per farsi del male».[2]) Come si vede, Monaldo fu profeta.

Giacomo fu amantissimo della gloria. «Io ho grandissimo, forse smoderato e insolente, desiderio di gloria» egli scriveva al Giordani il 21 marzo 1817. E negli *Appunti e Ricordi* (1919) egli annotava:[3]) «Compassione per tutti quelli che io credevo non avrebbero avuto fama».[4]) Ora ponete queste candide confessioni di Giacomo a riscontro con queste altre, non meno candide, di Monaldo nell'*Autobiografia:*[5]) «Nell'esordio della mia giovinezza ero dominato dall'orgoglio e lo ero eccessivamente, e lo sono tuttora, quantunque gli anni, l'esperienza e le

---

[1]) CAMILLO ANTONA TRAVERSI, *Documenti e notizie intorno alla famiglia Leopardi*, Firenze, 1888, pag. 77 sgg.
[2]) ANTONA TRAVERSI, *Documenti e notizie*, ecc., pag. 103.
[3]) *Scritti varii inediti*, pag. 273.
[4]) Altri passi v. nel mio vol. *Epicurei e mistici*, pag. 63.
[5]) Ediz. citata dell'Avoli, pagg. 32-33.

avversità mi abbiano insegnato a dominare e forse a nascondere solamente questa passione.... Forse l'orgoglio mio è più fino di tutti e si compiace nel vanto di quella mansuetudine, di quella calma, di quella longanimità, che in questo caso non sono più virtù, ma satelliti dell'ambizione». Ancora un esempio. Tutti sanno quel che pensasse Giacomo di Recanati, e come gli prorompesse dall'anima la rampogna contro i suoi concittadini, gente «zotica e vil, cui nomi vani e spesso Argomento di riso e di trastullo Son virtude ed onor»; e nell'isolamento suo ravvisasse non invidia di quelli, perchè quelli nol ritenevano maggiore di sè, ma il loro sdegno che ei tale si ritenesse. Tutti sentimenti questi a lui istillati dal padre. In un capitolo della sua *Autobiografia*, egli parla appunto di Recanati e della guerra pettegola e feroce che vi si faceva, come accade nelle piccole città di provincia a chiunque eccellesse sugli altri per ingegno o virtù;[1] e in altra parte dell'*Autobiografia*[2] ha una pagina bellissima diretta ad illustrare il proverbio *nemo propheta in patria*, una pagina della quale mi piace riportare almeno la fine: «Fra i concittadini trovano indulgenza e plauso maggiori la malvagità e la stupidezza che

---

[1] Cfr. C. ANTONA TRAVERSI, *Un capitolo inedito dell'Autobiografia di Monaldo Leopardi*, nel volume *Studii su Giacomo Leopardi*, Napoli, Detken, 1887.

[2] Pagg. 151-2.

l'ingegno, il merito e la virtù. Dopo morte si rende ai cittadini illustri e benemeriti quella giustizia che loro si è negata viventi; ma per verità è un poco tardi, e la speranza di un epitaffio non è un eccitamento grande per rendere i cittadini virtuosi. Nulla di meno questa è la natura dell'uomo e bisogna contentarsene. Chi si sente maggiore degli altri fugga dalla patria, o viva ritirato ed oscuro quanto può, sicuro che la sua eccellenza mai gli verrà perdonata ».

Giacomo non fece che applicare alla lettera il precetto paterno, e non sentendosi di vivere ritirato ed oscuro fuggì dalla patria: Monaldo non avrebbe avuto il diritto di lagnarsene. Ma gli è che Monaldo poneva le sue premesse, ma nel trarne le conseguenze si fermava a un certo punto: Giacomo, natura più ribelle, giungeva sino in fondo. Monaldo consigliava di fuggire dalla patria e vi rimaneva; Giacomo fuggiva davvero.[1] Monaldo riconosceva che dopo morte si rende ai grandi la giustizia che a loro vi-

---

[1] Per Giacomo, e certo per ogni altro di famiglia, Monaldo non doveva più ritenere applicabile il suo precetto. In una accorata e sdegnosa lettera di Giacomo al padre leggiamo (CUGNONI, *Opere inedite di Giacomo Leopardi*, I, pag. CX): " Era cosa mirabile come ognuno che avesse avuto anche momentanea cognizione di me, immancabilmente si meravigliasse che io vivessi tuttavia in questa città (*cioè in Recanati*), e come Ella sola fra tutti fosse di contraria opinione e persistesse in quella irremovibilmente „.

venti vien negata, ma aggiungeva che questa è
la natura dell'uomo e che bisogna contentarsene.
Contentarsene? Giacomo invece protesterà con
veemenza:

> nefando stile
> Di schiatta ignava e finta
> Virtù viva sprezziam, lodiamo estinta.

E nel carattere, per più rispetti molto simile,
dell'uno e dell'altro, è da ricercare la ragione
dei contrasti, che inacerbirono i loro rapporti e
intorbidarono la serenità della vita domestica.
Nè il padre, nè il figlio Giacomo, nè l'altro figlio Carlo, e men di tutti poi la madre, avevano
la virtù della tolleranza. Eran tutti tenaci nella
loro opinione, orgogliosi, inflessibili. Monaldo
così dipinge sè stesso:[1] «Il fatto sta che la natura o l'abitudine a sovrastare mi è sempre rimasta, e mi adatto malissimo, anzi non mi adatto in modo veruno alle seconde parti. Voglio
piegarmi, voglio esser docile, rimettermi e tacere; ma in sostanza tutto quello che mi ha avvicinato ha fatto sempre a mio modo, e quello
che non si è fatto a modo mio mi è sembrato
mal fatto. Non vorrei adularmi e non ho interesse alcuno per farlo: ma in verità mi pare
che il desiderio di vedere seguita la mia opinione non sia tutto orgoglio, bensì amore del giusto
e del vero. Ho cercato sempre con buona fede

[1] *Autobiografia* citata, pagg. 6-7.

quelli che vedessero meglio di me, ed ho trovato persone sagge, persone dotte, persone sperimentate; ma di ingegni quadri da tutte le parti e liberi da qualunque scabrosità ne ho trovato pochissimi, e ordinariamente in qualche punto la ragione, o forse il mio amor proprio, mi hanno detto: — tu pensi e vedi meglio di quelli». Il guaio fu che questi sentimenti appunto, questa forma della mente e questa tendenza si trasmisero ai figliuoli, e in grado maggiore, e più libere da freni, e con più elevato orgoglio. Erano tutti spiriti, rigidi, inflessibili, dominatori in quella casa; tutti, meno l'angelica Paolina, che era forse la più infelice fra tutti, perchè si era imposta un'alta e difficile disciplina: reprimere i moti dell'anima e serbare obbedienza e docilità costante. Com'è naturale, la buona Paolina amò intensamente il padre suo. Ed è giustizia dire che ne fu ricambiata di pari amore. In una lettera di Monaldo a Giacomo del 1829 troviamo con pochi tratti di tenerezza paterna presentata la figura della giovane impareggiabile, che si prodigava in cure affettuose per tutti i suoi cari:[1] «Scrivo ordinariamente per tutti alla nostra cara Paolina, che tutti amiamo, perchè è tutta di tutti: e che, come del sesso di Eva, dovrebbe essere un po' più copiosa nel

---

[1] Prospero Viani. *Appendice all'Epistolario di G. Leopardi*, pag. XXIX.

carteggiare; ma non c'è caso di snidarla dal suo laconismo: e come mostra ingegno e saviezza virile in tutta la sua condotta, così vuol mostrare lingua e penna virile nel parlare e nello scrivere». Questo accenno alle qualità virili di Paolina ed al suo laconismo ci spiegano qualche espressione scherzosa di Giacomo alla sorella. Egli la chiama senz'altro *Don Paolo Leopardi*[1]) e a proposito di una lettera di lei scrive: «Essa è ben degna per la sua brevità di esser commendata dai lacedemoni e dagli altri popoli della Grecia, i quali dovendo rispondere in lettera ad alcuna inchiesta, non iscrivevano talvolta che la semplice parola: no». E la lettera di Giacomo, tutta bellissima, si chiude ancora con uno scherzo sul laconismo: «Ma è ormai tempo di finirla, perchè mi avvedo che avendo fatto l'elogio dello stile lacónico, sto per cadere nei difetti dello stile asiatico».[2])

Paolina aiutò il padre nei suoi lavori e nella redazione della sua rivista *La Voce della Ragione*, rivista di cui il primo fascicolo si pub-

---

[1]) Altre volte con nomignolo vezzeggiativo la chiama *la sua cara Pilla;* v. ad es. la lettera in PIERGILI, *Nuovi documenti intorno alla vita e agli scritti di Giacomo Leopardi*,¹ pag. 225, ed *Epistol.* II, n. 449, pag. 146, e perfino, ahimè, *ma chère Pillule* (*Epist.* II, n. 478, pag. 165). Con più vibrante e passionata tenerezza le scrive altra volta: "Amami, Paolinuccia mia, come io t'amo" (*Epist.* II, pag. 17 n. 326, 18 maggio 1827).

[2]) VIANI, *App. all'Epistol.*, ecc., pag. LXXX-I.

blicò il 31 maggio 1832, nello stesso formato dell'*Antologia* di Firenze, a cui per molti rispetti si contrapponeva. Monaldo stesso ne fece il programma, professando fra le altre cose: «Proponiamo la pubblicazione di un nuovo giornale a confutare i sofismi e gli errori della empietà e dello spirito di rivolta, e a propagare le dottrine della religione e della morale, dell'ordine sociale e della fedeltà». Non istarò qui a dire che cosa Monaldo intendesse per ordine sociale; egli lo spiegò abbastanza in un *Catechismo filosofico*, che è quanto di più retrivo, di più ostile al progresso ed alla libertà si possa immaginare.[1] La rivista fu battagliera e Monaldo non risparmiò le critiche severe neppure ai più famosi: Alfieri, Chateaubriand, Lamennais, Pellico, Tommaseo. Della rivista furono pubblicati 88 fascicoli, e Monaldo stesso ne scrisse poi la storia, intitolandola *Memorie della Voce della Ragione*. E in quelle *Memorie* leggiamo: «Alla redazione del giornale sono stato sempre rigorosamente solo; ma molte buone persone mi hanno mandato articoli, come si vede nel registro qui annesso. Il principale soccorso però lo ho ricevuto dalla mia figlia Paolina, senza di cui avrei dovuto abbandonare l'impresa. Essa leggeva libri, fogli e giornali francesi, rimarcandovi gli articoli

---

[1] Cfr. *Autobiografia* cit., pagg. 356-7.

opportuni; essa ha fatto tutte le traduzioni da quella lingua; essa correggeva gli stamponi e travagliava giorno e notte per questa impresa con uno zelo e con un disinteresse, di cui potrà ricevere solo il premio da Dio ».[1]

Del resto è notevole che pure con uno spirito così retrivo, così ligio a pregiudizii, così devoto alla causa papale, dalla intransigenza sua stessa Monaldo fosse tratto a non risparmiare neppure al Papa talvolta critiche acerbe. In un fascicolo della rivista, a proposito di quel Deutz, che fu traditore della Duchessa di Berry, egli scrisse:[2] « Se fosse vero che il Santo Padre avesse parlato di Deutz con tanto vantaggio, questa sarebbe una dimostrazione di più che i Papi hanno l'infallibilità per decidere degli errori, ma non l'hanno nella conversazione privata per non essere ingannati dai birbanti ». Comprendiamo quindi tanto meglio che la Paolina, spirito più aperto del padre, pure avendo sincero sentimento religioso, parli qua e là con sarcasmo delle cose papali. A lei, ad esempio, sembra cosa idiota quanto mai che si debba stare in lutto per la morte del Papa sino alla elezione del successore, o meglio, come essa dice: « fino

---

[1] Cfr. *Memorie della Voce della Ragione* nel vol. di CAMILLO ANTONA TRAVERSI, *Nuovi studii letterarii*, Milano, 1889, pag. 39.

[2] *Voce della Ragione*, n. LXXXVI, pagg. 98-99; v. CAMILLO ANTONA TRAVERSI, *Nuovi studii letterarii*, pag. 78.

a tanto che alcuni vecchi combinino fra loro di darci uno di essi per padrone, cosa di cui faressimo a meno tanto volentieri ». [1]

Paolina non si dissimulò punto i difetti del padre e le asperità e durezze del suo carattere, ma s'impose una disciplina, pia insieme ed austera, cercando conservarsi sempre rispettosa al padre, che essa sinceramente amava, ma mitigarne ed addolcirne quelle asperità, ed eliminare, quanto potesse, ogni occasione di recargli dolore. E fu quindi atto di gentilezza, per il padre insieme e per il fratello, il nascondere al padre le opere che di Giacomo si andavan via via pubblicando. Il padre era inflessibile nelle sue idee, non disposto a tolleranza o ad indulgenze: Paolina volle evitare a lui il dolore per la miscredenza di Giacomo, ed evitare altresì che la memoria sacra di Giacomo non ispirasse rispetto nel cuore paterno. « Di Giacomo, ella scrisse nel 1845 confidandosi all'amica, [2] di Giacomo poi, della gloria nostra, abbiam dovuto tacere più che mai tutto quello che di lui ne veniva fatto di sapere, come di quello che non combinava appunto col pensare di papà e colle sue idee. Pertanto non abbiamo mai fatto parola con lui delle nuove edizioni delle sue opere, e quando le abbiamo comprate

[1] *Lettere di Paolina Leopardi*, pag. 28.
[2] *Lettere*, pag. 268.

le abbiamo tenute nascoste e le teniamo ancora, acciocchè per cagion nostra non si rinnovi più acerbo il dolore».

La morte del padre fu descritta da Paolina in una lettera del 7 maggio 1847, che è fra le più belle, per semplicità, per commossa tenerezza, per verità di tratti. «Quando ha veduto prossimo il suo fine, essa scrisse,[1] e se ne avvedeva più dalle lagrime nostre che dal male istesso, ci ha chiamato d'intorno, ci ha dato serii ammonimenti, poi ne ha esortati ad imparare come si muore *in conversazione*, poichè egli ha parlato sempre con grandissima presenza di spirito, rimanendo noi tutti meravigliati di tanta pace, di tanta calma.... Era una pena il vederlo, trasformato com'era da quel male orrendo: io mi nascondevo perchè ei non mi vedesse a piangere accanto al suo letto di morte, poi voleva che mi consolassi e non lo facessi perdere d'animo. Un grande conforto mi è stato il vederlo dopo la morte disteso sul funebre suo lenzuolo e il potergli imprimere su quel volto, in cui eran tornati gli antichi lineamenti e in cui era un sorriso angelico, baci caldissimi di affetto, e il dargli singhiozzando l'estremo addio».

Certamente molto si è esagerato nel denigrare quest'uomo. La sua pia figliuola fa buona testimonianza per lui. La posterità non ha po-

---

[1] *Lettere*, pag. 278.

tuto rassegnarsi al pensiero che Giacomo fosse così infelice, e se l'è presa senza pietà coi presunti colpevoli, e come tali ha indicati specialmente il padre e la madre, ed al padre ha imputato anche l'invidia per la grandezza e la gloria del figlio.[1]) Ciò è ingiusto. Finchè Giacomo non si mostrò irreligioso, il padre fu orgoglioso di lui, e abbiamo parole vibranti di soddisfazione e di lode per le opere di dottrina di

---

[1]) Il primo accusatore fu veramente il figlio stesso, in una lettera al Perticari (*Epist.* I, 329-30), molto acre contro il padre, lettera alla quale se ne possono contrapporre molte con parole di tenerezza e di affetto per lui. E del resto dobbiamo guardarci, come giustamente ammonì il De Sanctis, in una lezione tenuta all'Università di Napoli nel marzo 1876 "dal giudicare il padre dando retta ai nervi del figlio „. Ma il pregiudizio ostile contro Monaldo era tale che l'ammonimento del De Sanctis fu male accolto dagli uditori (cfr. BONARI, *I genitori di G. Leopardi*, Napoli, 1886; DE SANCTIS, *Studio su Giacomo Leopardi*, Napoli, 1885, pag. 173; SCHERILLO, *Vita di Giacomo Leopardi* premessa a *I Canti di Giacomo Leopardi*, Milano, Hoepli, 2.ª ediz., pag. 12). — Si prestò anche fede generalmente al Ranieri, che accusò Monaldo d'invidia per il figliuolo, e di rincrescimento per averlo sentito dal Ranieri chiamare *tanto uomo* "perchè si credeva in gara col figliuolo pei famosi *Dialoghetti* „ (*Sette anni di sodalizio*, pagg. 22-23). — Su Monaldo v. A. D'ANCONA, *La famiglia di Giacomo Leopardi* (*Nuova Antologia*, 15 ottobre 1878); AULARD, *Un guelfe au XIX siècle* (*Revue politique et littéraire* (14 giugno 1879); G. PIERGILI, *Il conte Monaldo Leopardi* (*Nuova Antologia*, 15 febbraio 1882); RAFFAELE BONARI, *I genitori di Giacomo Leopardi*, Napoli, 1886.

Giacomo.[1]) Ma il preconcetto religioso ottenebrava siffattamente l'animo di quest'uomo, da far quasi cadere ogni altro sentimento e da reprimere ogni altro moto del cuore. Inoltre il padre, e più ancora la madre, di cui tosto vedremo, con la loro intransigenza indomita nel governo dei figli ottenevano il bel risultato che ottengono sempre i genitori troppo severi, i quali non sanno ispirare confidenza ai figliuoli e non sanno farsi loro compagni, e vogliono vietare tutto, anche ciò che non debbono: il risultato cioè che in casa si svolga tutta una vita clandestina, che estende le sue trame anche tra le persone addette alla famiglia; essi credono di regolare ogni atto e quasi ogni pensiero dei loro figli, ma in realtà ne regolano a modo loro solo la vita esteriore e fittizia: la vita intima, la vera vita sfugge loro. Se Paolina non fosse stata quel purissimo cuore che fu, avrebbe potuto scrivere a parecchi amanti quelle lettere clandestine che scriveva alle Brighenti, e avrebbe potuto comprare nascostamente libri licenziosi, così come nascostamente comprava le opere dell'adorato fratello.

*

Ma per quanto Paolina fosse dedita agli studi ed occupata nello scrivere e nel tradurre,

---

[1]) Cfr. ad es. la sua annotazione sul manoscritto del *Porfirio* di Giacomo (v. il mio vol. *Le scritture filologiche latine di Giacomo Leopardi*, pag. 13).

è naturale che nella vita famigliare la persona, con la quale più continui ed immediati erano i suoi rapporti, fosse la madre. Tipo singolare di donna, di volontà tenace ed inespugnabile, e che dal rigore inflessibile della sua fede, fu condotta a poco a poco ad una specie di insensibilità affettiva per tutto quello che non fosse opera o pratica religiosa; inesorabile nel condannare chi si mostrasse di quelle pratiche negligente o tiepido osservatore e nel giudicare con questo solo criterio ogni valore umano ed ogni atto della vita. Sulla madre Giacomo scrisse una pagina, che nella chiarezza sua, materiata di fatti e spoglia di ogni ornamento, è un terribile documento.[1])

« Io ho conosciuto intimamente una madre di famiglia, che non era punto superstiziosa, ma saldissima ed esattissima nella credenza cristiana e negli esercizi della religione. Questa non solamente non compiangeva quei genitori, che perdevano i loro figli bambini, ma gli invidiava intimamente e sinceramente, perchè questi eran volati al paradiso senza pericoli e avean liberato i genitori dall'incomodo di mantenerli. Trovandosi più volte in pericolo di perdere i suoi figli nella stessa età, non pregava Dio che li facesse morire, perchè la religione non lo permette, ma gioiva cordialmente e vedendo

---

[1]) *Pensieri* (il cosiddetto *Zibaldone*), I. pag. 411.

piangere o affliggersi il marito, si rannicchiava in sè stessa e provava un vero e sensibile dispetto. Era esattissima negli uffizi che rendeva a quei poveri malati, ma nel fondo dell'anima desiderava che fossero inutili, ed arrivò a confessare che il solo timore che provava nell'interrogare o consultare i medici era di sentirne opinioni o ragguagli di miglioramento. Vedendo nei malati qualche segno di morte vicina sentiva una gioia profonda, che si sforzava di dissimulare solamente con quelli che la condannavano; e il giorno della loro morte, se accadeva, era per lei un giorno allegro ed ameno, nè sapeva comprendere come il marito fosse sì poco savio di attristarsene. Considerava la bellezza come una vera disgrazia e vedendo i suoi figli brutti o deformi ne ringraziava Dio, non per eroismo, ma di tutta voglia. Non procurava nessun modo di aiutarli a nascondere i loro difetti, anzi pretendeva che in vista di essi rinunziassero interamente alla vita nella loro prima gioventù: se resistevano, se cercavano il contrario, se vi riuscivano in qualche minima parte, ne era indispettita, scemava quanto poteva con le parole e coll'opinione sua i loro successi (tanto dei brutti quanto dei belli, perchè ne ebbe molti) e non lasciava passare, anzi cercava studiosamente l'occasione di rinfacciar loro e far loro ben conoscere i loro difetti e le conseguenze che ne dovevano aspettare, e persuaderli della loro inevitabile miseria, con una veracità spietata e feroce. Sentiva i cattivi successi dei suoi figli in questo o simili particolari con vera consolazione e si tratteneva di preferenza con loro sopra ciò che aveva sentito in loro disfavore. Tutto questo per liberarli dai pericoli dell'anima e nello stesso modo si regolava in tutto quello che spetta alla educazione dei figli, al produrli nel mondo, al collocarli, ai mezzi tutti di felicità temporale. Sentiva infinita compassione per li peccatori, ma pochìssima per le sventure corporali e temporali, eccetto se la natura talvolta la vinceva. Le malattie, le morti le più compassionevoli dei giovanetti estinti nel fior dell'età, fra le più belle speranze, col maggior danno delle famiglie o del pubblico, ecc. non la toccavano in verun modo. Perchè diceva che non importa l'età della morte, ma il modo; e perciò soleva sempre informarsi curiosamente se erano morti secondo la religione, e quando erano malati, se mostravano rassegnazione, ecc. E parlava di queste disgrazie con una freddezza marmorea. »

Balza viva da questa pagina la figura della madre, gelida nella impassibilità sua, priva di ogni impulso simpatico, di ogni tenerezza affettuosa, di ogni accoramento pietoso: e nel medesimo tempo inflessibile osservatrice dei suoi doveri o di quelli che tali ella stimava. Invano il povero Giacomo cercava di destare in quell'anima sentimenti di tenerezza e moti di materno affetto, e in una lettera del 22 gennaio 1823 le scriveva:[1] «Io mi ricordo che Ella quasi mi proibì di scriverLe, ma intanto non vorrei che piano piano Ella si scordasse di me», e chiudeva la lettera così: «Ma sopratutto La prego a volermi bene, com'è obbligata in coscienza, tanto più che alla fin fine io sono un buon ragazzo, e Le voglio quel bene che Ella sa o dovrebbe sapere. Le bacio la mano, il che non potrei fare in Recanati».

Come è da aspettarsi, la rappresentazione che della madre fa Paolina, confidandosi nella intimità colla sua amica non ha tanta crudezza di tratti; ma forse appunto per lo studio di moderazione e di temperanza nel giudizio, ci dà l'impressione di veracità e ci fa sentire più forte la gravezza gelida dell'imperio che quella donna esercitava nella famiglia. Ecco come essa fin dal principio della sua corrispondenza colle Brighenti presenta la madre:[2] «Fra gli altri motivi che hanno renduto così triste la mia vita, e che hanno disseccato in me le sorgenti dell'allegrezza e della vivacità uno è il vivere in Recanati, soggiorno abbominevole ed odiosissimo; un altro poi è l'avere in mammà una persona ultra-rigorista, un vero eccesso di perfezione cristiana, la quale non potete immaginare quanta dose di

---

[1] *Scritti varii inediti*, pag. 427.
[2] *Lettere*, pag. 8.

severità metta in tutti i dettagli della vita domestica. Veramente ottima donna ed esemplarissima, si è fatta delle regole di austerità assolutamente impraticabili; e si è imposti dei doveri verso i figli, che non riescono loro punto comodi.

Ci vogliamo però tutti un bene infinito, ed a forza di assuefazione si riesce a sentire meno gravoso il peso di queste sue massime ».

A forza di assuefazione! Ma questa forza, che reprimeva e conculcava le energie vivaci di quello spirito, non giunse mai a spegnere in esso il bisogno e il desiderio di un respiro più libero, di una vita meno impacciata da regole, da divieti, da scrupoli, da imperii assoluti ed irragionevoli; si chè quando la povera figliuola ebbe a rifiutare un matrimonio, perchè la persona proposta non le era simpatica, dichiarò che purtroppo essa sapeva di essersi ricalcati da sè stessa i suoi ferri,[1]) e quando si trattò di un altro partito, anch'esso poi caduto invano, essa scrisse:[2]) « Se fosse meno pesante la catena che io porto, oh certo allora io morrei col solo mio nome; ma quello che è troppo è troppo ». Altra volta[3]) essa rappresenta questa donna veramente eccezionale « la quale gira per tutta la casa, si trova per tutto e a tutte le ore », e sorveglia anche quello che essa possa vedere dalla

---

[1]) *Lettere*, pag. 119.
[2]) *Ivi*, pag. 178.
[3]) *Ivi*, pag. 40.

finestra. Piena di garbo e di spirito è la descrizione che Paolina fa della vita intima di quella casa aduggiata dalla eccessiva severità materna:[1] «Si dette il caso, quando io era piccina piccina, e anche forse quando non era nemmeno nata, che la gonna di mia madre si intrecciò fra le gambe di mio padre, non so come. Ebbene, non è stato più possibile che egli abbia potuto distrigarsene. Se non era questo fatto noi ottenevamo tutto da papà, che è proprio buonissimo, di ottimo cuore, e ci vuole molto bene; ma gli manca il coraggio di affrontare il muso di mammà anche per una cosa lievissima, mentre ha quello di affrontare il nostro assai spesso; poichè, Marianna mia, non se ne può più affatto affatto. Io vorrei che tu potessi stare un giorno solo in casa mia, per prendere un'idea del come si possa vivere senza vita, senza anima, senza corpo. Io conto di esser morta da lungo tempo; quando perdei ogni speranza, dopo avere sperato tanto tempo e inutilmente, allora morii — ora mi pare di essere divenuta cadavere, e che mi rimanga solo l'anima, anch'essa mezza morta, poichè priva di sensazioni di qualunque sorta».[2]

Questa buona figliuola si confidava però con animo così aperto solo nella intimità dell'ami-

---

[1] *Lettere*, pag. 53.
[2] *Ivi*, pagg. 53-54.

cizia; ma non potè mai tollerare che dei suoi genitori si parlasse con poco rispetto; e quando per tutta l'Italia si sparse la voce che della infelicità di Giacomo la colpa dovesse in parte imputarsi ai genitori, e quando la vita della sua famiglia divenne oggetto di curiosità ed occasione di censure e di rampogne, ebbe moti e scatti di protesta e di sdegno. Così anche quando, alcuni anni dopo la morte di Giacomo, certo Cicconi ne ingiuriò la memoria, la buona Paolina fremette ed a Prospero Viani scrisse una lettera nella quale dichiarava: il nome del Cicconi mi fa ora quel ribrezzo che provo, se mi accade di toccare una serpe».[1] Il Viani nel riferire le parole, soggiunse, a mo' di commento: «Dio vi abbia presso di sè, contessa Paolina. carissima, amatissima».

Per tornare alla madre, essa visse colla figliuola sino alla morte, seguita il 2 agosto 1857 in Recanati; nel testamento l'aveva nominata «sua amatissima figlia». Ma anche molti anni dopo la morte di Giacomo, essa non aveva piegato l'animo a sentimenti più miti verso di lui. Uno dei tanti ammiratori del poeta quando si recò nel 1847 in pio pellegrinaggio a visitare la casa avita di lui, nella camera dov'egli era nato si scontrò con la madre, alta, imperiosa, severa. In un impeto di devozione alla gloriosa

---

[1] *App. all'Epistolario*, pag. LXVIII.

memoria il visitatore la salutò esclamando: «Benedetta colei che in te s'incinse»! La madre lo sogguardò gelida, e sospirando e levando gli occhi al cielo rispose soltanto: «Che Dio gli perdoni»![1] — La preoccupazione religiosa aveva veramente soppresso in quest'anima ogni altro natural sentimento. Quanto più commovente la nostra pia Paolina, la quale quando, otto anni dopo la morte del fratello, si fu persuasa dalla lettura di alcuni scritti di Giacomo, che egli aveva perduto la fede, ebbe accenti concitati di pietà e di desolazione profonda, pensando al fratello suo diletto, forse perduto in eterno. Sentite come si esprime quest'anima appassionata e dolorante:[2] «Piangendo e palpitando io rileggeva più volte quelle frasi e quei pensieri di lui, che io avrei voluto cancellare col sangue; e tutto il mondo saprà che mio fratello aveva perduto la fede! Che pensiero orribile e lacerante! E non avevamo da piccoli giuocato insieme all'altarino? Ed esso era tanto religioso che era divenuto pieno di scrupoli; tanto è vero che la troppa scienza corrompe!... O Marianna mia, io aveva bisogno di sfogarmi con te e di deplorare teco questa disgrazia: ma dimmi, non ho ragione di piangere? E Brighenti non ne conviene meco? Oh! Dimmi, cosa

---

[1] F. ZAMBONI, *Roma nel Mille*, Firenze, 1875, pag. 408.
[2] *Lettere*, pag. 271 (31 dicembre 1845).

ne pensa il papà tuo: così le sue parole potessero confortarmi per farmi sperare di rivedere una volta il mio diletto Giacomo!».

Di tal suo desolato cruccio si era consolata un giorno, quando era venuta a sua notizia la lettera del padre Curci al Gioberti, nella quale gli attestava che Giacomo Leopardi, dal Gioberti «sì altamente ammirato come l'ultima scintilla del genio italo-greco, e compianto non meno perchè orbo quasi al tutto di religione», aveva domandato nel morire un prete gesuita per confessarsi e gli era morto fra le braccia.[1] Io non istarò a rammentare le discussioni e i dibattiti, cui la notizia del padre Curci ha dato, anche recentemente, occasione; rammenterò solo come Paolina attesti che quelle «benedette parole» eran fatte per riempirla di consolazione, e che ne aveva dato novella conferma il padre Curci in una «cara lettera» indirizzata al rettore del Collegio di Loreto, in cui, dice Paolina[2] «ripete quanto ha pubblicato in istampa e che Ranieri ha voluto tener celato».

*

L'amore e l'orgoglio maggiore nella vita di questa nobilissima creatura fu il suo grande fratello, il suo Giacomo, o meglio il suo Muccio, com'ella soleva chiamarlo. Quanto a sua volta

[1] *Lettere*, pag. 216 (Pasqua 1840).   [2] *Ivi*, pag. 217.

fosse l'amore del fratello per lei risulta da più lettere di lui e ne fece bella testimonianza il Ranieri, che il 18 luglio 1837, scrivendo a Monaldo di volere recarsi a Recanati per conoscere tutta la sua «amabile famiglia», aggiungeva «massime cotesta loro Paolina, della quale il mio Giacomo mi parlava sempre con tenerezza ineffabile, e che dal molto che ne so deve chiudere nel petto il più bel cuore, di ch'e mai il cielo fece dono a donzella».[1] «Tu hai in me, le scrive Giacomo,[2] un fratello che ti ama di cuore, che ti amerà sempre, che sente l'incomodità e l'affanno della tua situazione, che ti compatisce, che insomma viene a parte di tutte le cose tue». E altra volta:[3] «Sappi ancora che io t'amo come prima, che non era poco, e forse anche più di prima, che non è la cosa più facile». E altra volta ancora:[4] «Io non sogno di te, perchè tu sai che fuori di Recanati io non sogno mai (cosa che mi fa meraviglia, però verissima), ma penso a te vegliando, e ti amo, se è possibile, ogni giorno più». A questo affetto profondo corrispose quello di Paolina non meno profondo.

[1] Cfr. PIERGILI, *Nuovi documenti intorno alla vita e agli scritti di Giacomo Leopardi*,[1] pag. 251. Vedi su Paolina l'altra lettera del Ranieri, ivi, pag. 263.

[2] *Epist.* I, n. 166, p. 286 (28 gennaio 1823).

[3] *Ivi*, n. 217, pag. 374 (7 settembre 1825).

[4] *Ivi*, n. 258, pag. 432 (1.º marzo 1826).

Sapendolo infermo, viveva continuamente in ansia per lui, e ne chiedeva notizie a tutti quelli cui poteva. Giacomo, specialmente per la debolezza degli occhi, poco poteva scrivere, e la sorella ben lo sapeva, e se ne accorava, e supplicava l'amica che le desse qualche notizia, giacchè l'incertezza la teneva estremamente afflitta.[1] Le richieste di notizie si fanno sempre più affannose, a mano a mano che col passar del tempo crescono nell'animo presago gli oscuri presentimenti: « Io smanio di sapere se a Firenze lo avete veduto, essa scrive nel marzo 1832.[2] Dimmelo, o Marianna mia, e se puoi, dimmi cosa fa, cosa spera, come lo ha consolato il vedervi, il vedere tuo padre; non lasciare di dirmelo, per carità ». E l'anno seguente, il 16 luglio 1833, ringraziando delle nuove di Muccio, dimandava: « Neppure una parola ti ha detto, che possa far supporre che dobbiamo rivederlo? »[3] Purtroppo non dovevano rivederlo mai più! A ricevere le tristi notizie delle sofferenze di Giacomo, la desolata sorella aveva accenti disperati, che non si leggono senza commozione: ma perchè non torna fra noi? Ora già ha veduto che non trova sollievo nell'aria straniera, e stando male non lo troverà neppure in altre cose, mentre poi soffrirà assai per la mancanza di quelle che si

[1] *Lettere*, pag. 23. [2] *Ivi*, pag. 94.
[3] *Ivi*, pag. 131.

trovano solo nella casa paterna e in mezzo ai suoi. E riguardo a questo, non ti ha detto mai una parola, non ti ha fatto mai capir nulla, quale sia la sua intenzione? Oh, Marianna mia, se tu mi vuoi bene, se me lo hai mai voluto, dimmi per carità quello che sai: dimmi se possiamo sperare di rivederlo una volta, o vero per quanto tempo dovremo stare in questa aspettativa, sempre palpitanti e frementi ». [1] Giacomo stesso aveva, alcuni anni prima, alimentata in lei la speranza del suo ritorno e quella volta non l'aveva delusa. Il 25 giugno 1826 le scriveva da Bologna: « Vo sempre sospirando il momento di riveder Recanati, che sarà certamente presto, piacendo a Dio », [2] e il 16 agosto di quell'anno: « Fuor di burla, io spasimo di trovarmi di nuovo fra voi altri e non aspetto altro che la fine del caldo per mettermi in viaggio »; [3] e poi ancora il 20 settembre assicurava che egli sarebbe stato in Recanati « fra qualche settimana al più tardi ». [4] E infatti l'11 novembre 1826 egli partì per Recanati, e vi si fermò, insoddisfatto e sdegnoso, cinque mesi. Più tardi ancora Giacomo ritornò a Recanati, il 10 novembre 1828, ed ivi rimase, e vi compose cose mirabili, sino al 29 aprile 1830. Fu quella l'ultima sua dimora a Reca-

[1] *Lettere*, pag. 133.
[2] *Epist.*, n. 283, pag. 463.
[3] *Ivi*, n. 289, pag. 472.   [4] *Ivi*, n. 295, pag. 481.

nati.[1]) Ma se la povera Paolina nel 1833 lo aspettava ancora, è da credere le fosse stata celata la lettera, così recisa e così impressionante nella sua crudezza, che fin dal luglio dell'anno precedente Giacomo aveva scritto al padre: « Io tornerei costà, egli scriveva, a finire i miei giorni, se il vivere in Recanati, sopratutto nella mia attuale impossibilità di occuparmi, non superasse le gigantesche forze, che io ho, di soffrire. Questa verità (della quale io credo persuasa per l'ultima acerba esperienza ancor lei) mi è talmente fissa nell'animo, che malgrado del gran dolore che io provo stando lontano da lei, dalla mamma e dai fratelli, io sono invariabilmente risoluto di non tornare stabilmente costà se non morto ».[2]) Ma la povera Paolina continuò in un'alternativa di speranza e di delusione fino alla morte di Giacomo. Quando ebbe la notizia fatale, essa, come abbiam già accennato, scrisse nel suo diario, sotto la data del giorno funesto: « Addio, Giacomino mio, ci rivedremo in paradiso »; e pochi giorni dopo la morte, avvenuta la notte del 15 giugno 1837, essa scriveva all'amica una lettera, nella quale tutta si effondeva la piena di un dolore che non aveva pari:[3])

[1]) Cfr. CHIARINI, *Vita di Giacomo Leopardi*, cap. XVII, pagg. 327-349.
[2]) *Epistol*. II. n. 509, pag. 197.
[3]) *Lettere*, pag. 188.

«Piangendo e delirando pel dolore vengo a gettarmi fra le tue braccia: o Marianna mia, vengo ad essere a parte del dolor tuo, di quello di tutti voi, miei cari amici, ora che una disgrazia orribile ne ha colpito.

«Certo, io non trovo parole da esprimere il mio dolore, nè la mano può scrivere il nome di quella cara persona che abbiamo perduto, di quell'angelo che non è più in questa terra, del nostro Giacomo!

«Oh, Marianna mia, cosa è mai questa vita! di quanta angoscia è capace il cuore umano senza che cagioni la morte! Almeno si morisse di dolore! andavamo dicendo noi nel ricevere quella desolante notizia.... Allora si empì il paese di tal notizia, e tutti rifuggivano dal darcela, anche chi era espressamente incaricato: finalmente il povero papà se la lesse egli stesso, giuntagli per la posta. Oh piangiamo insieme, amici miei, piangiamo insieme, che abbiamo perduto tutti il nostro fratello, il nostro amico, nè lo rivedremo più in questo mondo, dopo tanta speranza, dopo tanto desiderio. Io ne metteva da parte da lungo tempo tante cose a dirgli, tante altre da domandargli, io che pensavo sempre a quel primo momento in cui lo avrei riveduto, e alla dolcissima emozione che ne avrei provata, io che son rimasta quasi sola, perchè quella era l'unica mia compagnia ch'io avessi ad ogni ora, ad ogni istante — ah soltanto Iddio può vedere la misura della desolazione in cui sono, ed egli solo può consolarla richiamandomi a lui, ove anelo incessantemente.

«Ed il povero Ranieri, oh se lo sentiste! Iddio voglia conservarlo in mezzo a tanta strage che il cholera fa a Napoli; ma noi tremiamo che soccomba a tanto suo dolore e a tanta fierezza di male.

«Già ha promesso di scriverci, e non scrive; ah, poveri noi! La notte del 15 giugno «quell'angelo, il quale Iddio ha chiamato alla sua eterna pace, ha fatto la più dolce, la più santa, la più serena e tranquilla morte» così scrive Ranieri. Dacchè si è parlato di cholera a Napoli noi non abbiamo avuto più calma, e sempre quell'orrido pensiero ci tormentava e ci toglieva la pace — eppure non è morto di cholera, ma d'idropisia di petto. Iddio ha conceduto a tanto mio affetto, dice Ranieri, a tante mie lagrime, a tanta santità di amicizia, il ritrovare un modo di salvare il corpo di quel grande uomo dall'esser confuso con tutti i morti di cholera e portato nel Camposanto. Ma vincendo mille pericoli e mille ostacoli è stato portato nella chiesa di San Vitale di là della Grotta di Pozzuoli, non lungi dai sepolcri di Virgilio e di Sannazzaro. Ma chi ci ridarà la pace, Marianna mia, chi potrà guarire questa piaga orribile? Poveri noi! Ogni riso è finito, non vi è più giocondità, non allegria, la mano del Signore si è aggravata sopra di noi e noi non possiamo morire!

«Perdonami, o mia diletta, tanto dolore, tanta desolazione, perdona alla tua amica se da lungo tempo non ti ha scritto, ma era tanto afflitta e malinconica che non voleva affliggere anche te coi suoi lamenti — ed ora son venuto a piangere teco, a confondere le nostre lagrime, a chiederti preghiere e suffragi per quella cara anima, cui speriamo tutti di rivedere un giorno in luogo, ove non saranno più pianti, ma consolazione eterna».

Alcuni anni dopo (1.º agosto 1845) ella ebbe dalla Marianna la rivelazione del segreto amore che Giacomo le aveva portato,[1] amore forse da Giacomo timidamente manifestatole, ma che ella aveva già prima compreso, con l'intuito che è proprio in queste cose delle donne, e non aveva potuto ricambiare, perchè presa da altra passione: tardiva rivelazione, in cui forse entrava un tantino di vanità, spiegabile in una donna avvezza ai trionfi del mondo e orgogliosa di tanto amante. Paolina dichiarò[2] che se l'affezione sua avesse potuto crescere per la sua Marianna, ciò sarebbe accaduto in seguito a tal rivelazione, e ne prese occasione ad evocare ricordi dolcissimi; quando la sera passavano gran tempo insieme, passeggiando su e giù per una camera oscura (chè a lui faceva male

---

[1] Cfr. EMILIO COSTA, *Un amore sconosciuto di Giacomo Leopardi* in *Note Leopardiane*, Parma, Battei, 1887.
[2] *Lettere*, pag. 262.

la luce) e discorrevano di molte cose. «Certo noi ci amavamo assai, essa aggiunge,[1] ed egli non amava nemmeno che io uscissi di casa quando vi era occasione di qualche serata, chè quello era il tempo che noi passavano sempre insieme, e lo serviva sempre io, e l'ho fatto con grande amore fino all'ultima volta che ci demmo, senza saperlo, l'estremo addio. Oh! tu puoi sapere le lagrime che verso al pensare che non è morto fra le mie braccia; che prima di lasciarci per sempre non ci siam dette di quelle cose, la di cui memoria rimane eterna! Poi, mio dolore incancellabile sarà sempre il ricordarmi che era più di un anno che egli non poteva scrivere affatto per i suoi occhi: Giacomo poteva supporre che fosse per dimenticanza o per disamore; oh, credimi pure, Marianna mia, che questo pensiero è il tormento continuo della mia vita e che vorrei dar tutto, purchè potessi una volta sola parlare con Giacomo. Mille volte l'ho nei miei sogni ed è una consolazione per me, almeno di qualche momento.»

Paolina visse abbastanza per vedere sempre più crescere nel mondo la gloria del fratel suo. Invitata dal Viani a scriverne la vita, rispondeva: «Sarei oltremodo lieta e ne andrei troppo superba di poter parlare del nostro Giacomo con quella immensa affezione che gli ho

---

[1] *Lettere*, pag. 262.

portato sempre e mai cesserà»;¹) ma osservava «la vita di Giacomo essere stata oscurissima e tranquillissima fino alla sua dipartita da Recanati; e, da che uscì di casa, non saperne più nulla, e non avere nemmeno il suo carteggio epistolare, da lui ridomandato quando era fuori; ed altra ragione del suo ignorare molte cose essere stata la tensione dei rapporti di Giacomo coi suoi genitori», «ai quali, essa dice,²) si dovean tener celate molte cose; e molte io non ne sapeva, essendo donna, e legata alla sottana di mamà». E scusavasi con l'amico, pregandolo di non attribuire il suo diniego a cattivo cuore, verso Giacomo o verso lui: «Verso Giacomo, non potrei, chè lo piango giorno e notte; verso di Lei neppure.... Mi creda piuttosto disgraziata».³) Ma essa insistette presso il Brighenti di cui aveva molta stima come scrittore, perchè narrasse la vita di Giacomo, non essendo punto contenta di quella del Ranieri.⁴)

E il pensiero costante della sua vita fu il ricordo e l'affetto del perduto fratello. Invidiava alla Brighenti i discorsi col Giordani, discorsi cui avrebbe voluto prender parte «non fosse altro, ella diceva,⁵) che per udir parlare del di-

---

¹) *Lettere*, pag. 254.   ²) *Ivi*, pag. 254.
³) *Appendice all'Epistolario*, lettera 29 novembre 1844, pagg. XXVII-XXVIII.
⁴) *Lettere*, pagg. 259 e 261.
⁵) *Ivi*, pag. 242.

letto Giacomo in modo degno di lui e corrispondente all'amor nostro; chè, qui dove siam noi, aggiungeva, è inutile il parlarne, essendo esso appena conosciuto, o punto stimato per quello che veramente era».

Della devozione di Paolina a quella cara memoria aggiungiamo ancora un ricordo. Ce ne dà la notizia Francesco D'Ovidio, e mi parrebbe di sciupare la sua bella narrazione, se non riportassi testualmente le sue parole:[1] «Il mio rimpianto amico Ippolito Amicarelli, che fu deputato per la sua nativa Agnone al primo Parlamento italiano, viaggiando una volta nell'Italia Centrale si trovò per un tratto di ferrovia da solo a solo con una signora attempata. Attaccarono discorso: la signora disse essere di Recanati; egli cominciò a tempestarla di domande circa il Leopardi, e le chiese della sorella Paolina. La Paolina, chè era proprio lei e in quello scompartimento era salita appunto perchè ci aveva visto lui prete, commossa a quelle domande e scorgendo la commozione del suo interlocutore, gli chiese subito se a parer suo Giacomino fosse potuto andare in paradiso. L'Amicarelli, che, patriota ardente, era però insieme credente sincero e assai più fervido che generalmente non paresse, si trovava d'essersi posto au-

[1] *Corriere della Sera*, 12-13 gennaio 1898, riprodotta in SCHERILLO, *I Canti di Giacomo Leopardi*, 1.ª ediz. pag. 50 nota.

che lui tante volte quel problema; poichè del Leopardi era, non occorre dirlo, ammiratore grande, e non lo leggeva nè vi pensava mai senza lagrime. Fattagli ora quella domanda, e da quella Paolina lungamente cara a lui di ririverbero come a tutti i lettori del Leopardi, e conosciuta lì per lì la prima volta e quasi ingenuamente supplicante da lui la celeste beatitudine del fratello adorato, si sentì nell'animo una persuasione più chiara, una speranza più sicura che non avesse mai avuta, e con focosa parola dimostrò, spiegò, assicurò in quattr'e quattr'otto che il povero Giacomo era andato in paradiso di volo: con tutte le scarpe, come diciamo noi meridionali. La Paolina si stemperò in pianto, e per gratitudine a quella sommaria sentenza di canonizzazione si fece a forza promettere dall'Amicarelli una visita a Recanati. La promessa, com'egli soleva fare di tutte quelle di simil genere, non la mantenne; ma nemmeno, credo, avrebbe mantenuti tutti gli argomenti che, nell'impeto di una duplice compassione, aveva snocciolati con opportuna facilità a quella nobile donna, a cui toccò il singolar destino, come d'esser celebre per nozze che non ebbero mai luogo, così di rimanere a struggersi per la memoria d'un fratello, di cui aveva in tanto orrore le dottrine».

Così per tutta la vita Paolina fu degna sorella del suo Giacomo, anche quando il pensiero della sua miscredenza le dilaniò l'anima, per il dubbio atroce di non più rivederlo. Mirabile esempio di amor fraterno questo che di così saldi vincoli legò le anime di Giacomo, di Paolina ed anche di Carlo; e Giacomo aveva avuto ragione di celebrare la grandezza e la virtù di tal vincolo scrivendo al conte Alessandro Cappi, autore d'un capitolo *Dell'amor fraterno:* «ancora io non ho provato in mia vita e non provo affetto più caldo e più dolce, nè ho cosa più preziosa e più cara di quell'amor fraterno, ch'Ella sì degnamente e sì virtuosamente celebra».[1]

*

Come abbiamo visto, Paolina diceva che il fratel suo era stata l'unica sua compagnia. Allontanatosi Giacomo, le era rimasta una consuetudine, che col tempo divenne sempre più intima e cara, con una giovane di alti sensi e di molta coltura, Paolina Mazzagalli. «Essa era la sola in tutto Recanati, che fosse capace di discorrere, scrive Paolina;[2] e noi c'intendevamo tanto bene! E passavamo tutta la sera in trattenimenti serii, filosofici e morali; e poi tutto è finito. Sono dodici anni che io non so con chi sfogare la piena dei miei pensieri e dei miei

---

[1] *App. all'Epistol.*, pagg. CXVIII e CXIX.
[2] *Lettere*, pag. 230 (16 luglio 1841).

dolori.» Ciò scriveva nel 1841. E tutto era finito, sol perchè il fratello Carlo, contro il volere e senza il consenso dei genitori, desiderosi per lui di nozze con giovane nobile e ricca, aveva voluto sposare appunto la Mazzagalli. Le due famiglie si divisero, ed alla Mazzagalli furono chiusi i battenti di casa Leopardi. Durezza soverchia e protervo contegno, temperato però, è giusto riconoscerlo, dalla pietà di Monaldo, che continuò a voler vedere il figliuolo e a sovvenirlo nei suoi bisogni e gli procurò infine un impiego, affinchè ei non avesse a dibattersi più nell'indigenza.[1] Ma si comprende come più malinconica e triste si rendesse la vita a Paolina per questo nuovo crudele distacco, e come essa così ardente di affetti e bisognosa di espansioni vibranti, si sentisse desolata a non avere un'anima umana, con cui potesse «sfogare la piena dei pensieri e dei dolori».[2]

*

Ma, si dirà, e l'amore? Sì; anche l'amore fa a quando a quando capolino nella vita di questa prigioniera della casa paterna. Ma tosto che una speranza le fioriva nel cuore, e che essa aveva rivestito con le luci del sogno una figura desiata,

---

[1] Vedi C. ANTONA TRAVERSI, *Nuovi studii letterarii*, pagg. 105-121.
[2] *Lettere*, pag. 230.

la realtà interrompeva la visione, e faceva dileguare l'incanto. Scrivendo all'amica sua, accenna spesso fuggevolmente a questo suo desiderio di amare e di essere amata e alle delusioni che ne ha provato; l'amica, che anch'essa aveva avuto delusioni crudeli e se ne confidava con Paolina. «Quanto vi compiango, questa le scrisse il 15 giugno 1830,[1] per aver amato tanto tempo invano! Quanto mai avete dovuto essere infelice! Io sapevo che ai nostri tempi questa è sempre la sorte delle persone che amano come noi, e che hanno un cuore come il nostro; ma e che cosa dunque ha di buono la vita, quando abbia ad essere composta di pene simili? e, non è meglio, mille volte meglio, morire nelle fasce?» «So ben io, essa ancora scriveva;[2] sempre a proposito della disavventura amorosa dell'amica, so ben io quanto mai costa il dover rinunciare ad una illusione carissima: quella di vedere sotto altro aspetto l'oggetto amato e di vedersi non amata.» Paolina lo sapeva per aver provato le impressioni dolcissime di concepire un sogno di felicità, e averlo poi visto miseramente cadere. Alla sorella di Marianna Brighenti, a Nina, che aveva carattere più giocoso e sollazzevole, e parlava e scriveva d'amore celiando, essa rivelò l'intimo dell'animo, con forza e verità mirabili, contrapponendo il suo carattere a quello di Nina.[3] «Poichè tanto raramente accade di poter conse-

---

[1] *Lettere*, pag. 11. [2] *Ivi*, pag. 32. [3] *Ivi*, pag. 50.

guire la felicità, trovata che anche si sia, io quasi ti auguro di non trovarla mai, per non provare quel dolore che è tanto difficile a superarsi, perduta che sia quella speranza che sola rendeva cara la vita. Ma tu non vuoi che ridere, e se questo è il solo tuo scopo, riderai spesso, ne sono sicura. In questo sei il mio contrario: io non ho riso *mai*, appunto perchè non mi sono contentata di ridere solamente: io voglio ridere e piangere insieme: amare e disperarmi, ma amare sempre, ed essere amata egualmente, salire al terzo cielo, poi precipitare — ed io sono veramente precipitata, Nina mia; ma al terzo cielo non sono salita mai.» Con questo bisogno così vivo di amare e di essere amata andava però congiunta una grande finezza e squisitezza di gusti e di tendenze morali; sicchè ben difficile le riusciva concretare ed incarnare il sogno in una persona vivente. Il grande, l'unico forse, vero amore di Paolina fu, vedi stranezza del caso! per un uomo che si chiamava *Ranieri*.[1] Quell'amore crebbe, ingigantì, le dette ebbrezze di felicità, ma anch'esso dileguò come sogno. E quan-

---

[1] Questo Ranieri era Raniero Roccetti di Filottrano; cfr. Boghen-Conigliani, *op. cit.*, pagg. 75-84. Sugli altri partiti presentatisi a Paolina discorre l'autrice ivi, pagg. 84-94. Le nozze cantate dal fratello Giacomo nella famosa canzone, composta nel 1821, dovevano essere per certo Peroli, uomo senza bellezza e senza spirito: le trattative durarono lunghi anni e furono poi sconchiuse nel 1825 per questione di dote.

do ogni relazione era già troncata da un pezzo, ecco, Anna Brighenti scrive a Paolina, che Giacomo era a Firenze con un amico napoletano, che aveva cognome *Ranieri*. Che sussulto, in quel povero cuore! Non sarà lui? non si sarà sbagliata Anna a dirlo napoletano? E Paolina si confida con Anna, e la supplica di toglierle questo dubbio, e di risponderle esattamente, e le rivela tutta la potenza della sua antica passione:[1] « Egli (Giacomo) non ci ha mai scritto di essere in compagnia di Ranieri, e non lo ha mai nominato. Sei ben sicura che questo signore sia napoletano? Ch'egli si chiami di cognome Ranieri? Ah, Nina mia, io mi faccio rossa, perchè il mio delirio ha del ridicolo, e quasi mi pento di essere entrata in questo discorso, e di formare tali sospetti. Ma se questo giovane non è napoletano, se si chiama Ranieri di nome, non di cognome, il mio dubbio potrebbe non esser più sì ridicolo. Io ho amato un giovane signore marchegiano, di *nome* Ranieri, che tre anni sono stava a Bologna: io l'ho amato, tu non puoi immaginare con quale ardore; io era sua sposa, poichè tutto era combinato, e, sebbene egli non fosse ricco, i miei genitori erano condiscesi ai miei desideri; pure, Nina mia, lo crederesti? io lo ricusai. Ed egli era quale io l'avevo desiderato nei miei sogni; giovine amabilissimo, che io adoravo; ma un giorno mi venne un dub-

[1] *Lettere*, pag. 100,

bio, egli non me lo seppe sciogliere; e addio, vane speranze, addio sogni lusinghieri, addio felicità: io sono rimasta con la mia immagine nel cuore indelebilmente scolpita e con il crudele dolore di non avere saputo inspirargli quell'amore, che io sentivo per lui ardente, furioso. Puoi credere se il mio cuore palpita ogni volta che sento il suo nome, e se lo hai fatto palpitare tu con il racconto dell'amico di Giacomo, che io mi misi subito in testa che fosse uno solo con quello che fu il mio. Chè se tu sei sicura ch'io m'inganno, dimmelo subito, per pietà. Egli è stato molto infelice dopo quell'epoca: i suoi affari erano rovinati affatto: egli andò a Bologna, poi a Roma; ed è un pezzo che non so più nulla di lui; ma se so che egli è felice, quasi lo sono ancor io. Nina mia, non mi burlare.... io sono quasi pazza per il dolore, quando si toccano certe corde.... ora che tutto è finito». Quale sarà stato il dubbio fatale, che egli non seppe sciogliere? Certo un dubbio sulla veracità e sincerità dell'amor suo: giacchè la povera Paolina attesta il suo crudele dolore di aver saputo inspirargli quell'amore che essa sentiva per lui.

E così nella impossibilità di trovare sulla terra incarnato in una creatura umana il suo ideale, essa rinunziò anche all'amore. Ebbe anche in seguito proposte non poche, ma tutte le ricusò, benchè sapesse che il ricusarle significava ribadire le sue catene. Si aggiungeva che anche il padre non voleva che ella si maritasse, ed anzi, come ella dice,[1]) mandava al diavolo i partiti che si presentavano; sì che tutti sapevano che non gli si poteva di questo far parola; la madre fu quasi sempre del sentimento del marito; ma pure se qualche volta s'indusse a spingere al matrimonio la figliuola, la trovò riluttante.[2]) Una volta con un signore di Urbino, a cui Paolina disse tre volte no e due sì, e non ebbe cuore di dire il terzo sì; un'altra volta con un signore di Recanati[3]) e poi altre ed altre volte ancora; ma non se ne fece mai nulla. Indarno Giacomo la incoraggiava ad accettare e trovava convenienti tutti i partiti. E per le scappatelle di R. (si trattava proprio di Ranieri) osservava potersi ben credere, anzi esser quasi certo, «che un giovane di talento come R...., dopo essersi divertito assai, e dopo essersi annoiato della galanteria, come a tutti accade», sentisse il bisogno di una che lo amasse da vero, e che unisse «alla gioventù il buon cuore e la capacità del sentimento».[4]) Altra volta, per confortare la sorella che «piange e si dispera», promette d'interessarsi per un altro partito propostole, certo cav. Marini;[5]) e nel

[1]) *Lettere*, pag. 114.   [2]) *Ivi*, pag. 114.
[3]) *Ivi*, pagg. 114-115.
[4]) *Epistol.* I, n. 174, pag. 300.
[5]) *Ivi*, n. 181, pag. 313.

settembre 1825, quando altre nozze sembran sicure, egli le manda una lettera augurale, dichiarandole: «Intanto sappi che io continuo a credere che tu potrai essere felicissima con questo sposo, e specialmente se persisterai nelle tue massime filosofiche, e se riderai delle ciarle degli uomini, per i quali credi a me che non torna conto di perderci un quarto d'ora di sonno».[1] Ma fu tutto vano. Paolina scrutava attentamente i suoi soggetti e poi confidava alle amiche le impressioni sue a giustificazione del rifiuto. Non era troppo facile ad accontentarsi la buona Paolina! Ma la verità è che essa sentiva profondamente l'austera solennità dell'amore, e non voleva profanarlo al tornaconto o all'interesse.

Le delusioni e gli sconforti portarono la giovane ardente e pura a diffidare degli uomini tutti, ad immaginare una proterva volontà e quasi una bieca e tacita congiura di essi contro le donne, a suo credere sempre ingannate e tradite. Con ingenuo candore essa propose all'amica Nina Brighenti un atteggiamento di resistenza e, per così dire, un piano di battaglia contro gli uomini, ai quali si sarebbe dovuto mostrare indifferenza e disprezzo, e non lasciarsi vincere o lusingare dalle loro proteste e promesse. Come Giacomo confessava che in ordine alle donne egli

---

[1] *Epistol.* I, n. 217, pag. 374.

aveva perduto due delle virtù teologali, la fede e la speranza, e che non gli rimaneva ormai che la terza, della quale gli verrebbe fatto presto di spogliarsi,[1]) così Paolina in ordine agli uomini le aveva perdute già tutte tre nel 1831, quando di essi così scriveva:[2]) « Nina mia, questi uomini non valgono la pena che noi gittiamo per essi un sospiro. Non vedi come ci trattano, come ci disprezzano, appena mostriamo loro che non siamo rimaste impassibili alle loro proteste? Essi sanno bene il male che cagionano, e non solo non se ne dolgono, ma ne vanno più lieti e trionfanti. Ebbene, disprezziamoli: facciamo loro vedere che non siamo poi tanto infelici quanto essi suppongono, e sopratutto guardiamoci bene dal prestar fede alle loro parole. Oh, bisogna provar lungo tempo gli uomini, prima di azzardarsi a crederli degni del nostro amore, ma per nostra disgrazia il cuore umano è impenetrabile, e noi povere donne restiamo quasi sempre ingannate e non ci è permesso neppure di lamentarci apertamente e di accusar gli uomini di iniquità, poichè essi hanno il diritto di far tutto!» Pur con tutti questi fieri propositi, rifioriva nel suo cuore di tanto in tanto la speranza e tornavano i dolci palpiti, ogni volta che un aspetto di giovane le ispirava

[1]) *Pensièri*, I, pag. 291.
[2]) *Lettere*, pag. 65.

simpatia. Ma erano moti non duraturi: tosto la realtà sopravveniva ad oscurare le prime care visioni, la realtà ingrata cui l'attonita eterna sognatrice non sapeva rassegnarsi, memore di tutte le felicità vagheggiate nella giovinezza prima. Una bella pagina sua rievoca appunto con commossa semplicità, e con accoramento profondo quei primi sogni. «Nina mia, essa dice,[1]) già ti sarai accorta che il mondo non è così bello come lo promettevano i libri, non è vero? Noi entravamo piene di confidenza nella vita, sperando di trovare un mondo delizioso, sicure di trovar un cuore che ci amasse, ma di quell'amore puro e celeste, come credevamo che si trovasse, e che noi meritavamo, poichè eravamo preparate ad amarlo con tutto l'ardore in spirito e virtù, e poichè non eravamo in niente inferiori a quelle anime fortunate, che ci dipingevano aver trovato la felicità in terra; poi troviamo che questo mondo delizioso si converte in luogo pieno di spini, pieno di nemici, in cui non basta nemmeno stare immobili per non soffrire, e addio speranze, addio cari sogni dei nostri primi anni; bisogna cangiar pensieri, bisogna prepararsi a combattere sempre, ad ogni momento, e stare in guardia assai sopra di noi stesse per non cambiar natura, per non diventar tutt'altro da

---

[1]) *Lettere*, pag. 65. È la continuazione della lettera sopr riportata.

quello ch'eravamo, poichè non v'ha dubbio che il rischio è grande.... » — Ecco un'anima desolata di aver cercato invano sulla terra un cuore che l'amasse.. Par di sentire il grido angosciato di Giacomo al fratello Carlo: «Ho bisogno di amore, amore, amore, fuoco, entusiasmo, vita; il mondo non mi par fatto per me; ho trovato il diavolo più brutto assai di quello che si dipinge». Un pari destino congiunse anche in questo Paolina al suo grande fratello: essi cercarono l'anima che potesse essere la realizzazione del loro sogno, la luce del loro ideale: ma poichè il sogno era troppo fulgido e l'ideale era troppo alto non la trovarono mai. Chi non ricorda la canzone di Giacomo *Alla sua Donna?* È la donna vagheggiata lungamente, con desiderio trepido e inquieto, come una benedizione, come un sorriso del cielo, come una potenza serenatrice: lo spirito appassionato del poeta va perseguendo questo suo sogno di felicità, e si domanda che cosa è mai quella immagine che gli vive nel cuore e che egli non trova mai impersonata sulla terra. «Quell'ideale, dice il De Sanctis, quella donna, che egli non trovava quaggiù, che cercava tra le stelle o tra le eterne idee, egli l'aveva nel suo cuore, il più bel tempio che Iddio abbia avuto mai. Ma l'uomo non basta a sè stesso, ed ha bisogno che qualche cosa risponda al suo concetto, ed egli non la trovò; sicchè gli parve che Dio e virtù fossero mere parole, vuoti concetti della mente, senza riscontro nella realtà. Sente Dio in sè e lo nega nel mondo, ama tanto la virtù e la crede una illusione, è così caldo di libertà e la chiama un sogno: miserabile contradizione, ond'è uscita una poesia unica, immagine dantesca di una età ferrea, nella quale oppressi da mali incomportabili, l'avvenire ci si oscurò dinanzi, e perdemmo ogni fede, ogni speranza; d'una breve età, che sarebbe dimenticata nella immensa storia umana, se non vivesse immortale in queste poesie. »[1]) Se in Giacomo la contraddizione assurge a queste altezze epiche e investe la natura e la vita tutta, nella sua mite e gentile sorella diventa solo la tragedia di un'anima, tutta in sè raccolta e timorosa di rivelarsi altrui; tragedia lungamente vissuta nel silenzio, senza proteste, con un desiderio vago e indefinito di quella luce serena, onde il sogno corona gli orizzonti lontani, oltre la cerchia della nostra quotidiana vita.

> Reines Herzens zu sein
> Das ist das Höchste,
> Was Weise ersannen,
> Weisere taten.

« Esser di puro cuore, ecco quello che di più alto i saggi concepirono, i più saggi effettuarono. » Questi versi dello Hölderlin, che il Voss-

---

[1]) *Saggi critici*, pag. 234.

ler[1]) pensa potrebbero formare un degno epitaffio per Giacomo, starebbero bene anche sulla tomba di Recanati, che chiude le spoglie mortali di Paolina Leopardi.

*

Da tutti i passi che ho citati risultano evidenti, credo, non solo le doti morali, bensì anche quelle intellettuali di questa nobilissima donna. Fu colta in varie letterature: l'italiana, la francese, la latina, la spagnuola; fu amantissima di musica: sue sono moltissime traduzioni pubblicate nel giornale del padre. Il suo stile è spigliato, vivace, pieno di grazia e di brio, talvolta leggermente ironico, talvolta garbatamente scherzoso; or tenero e passionato, or grave ed austero, ma costantemente limpido e terso ed efficace nella semplicità sua. Queste lettere scritte per isfogo del cuore, nascostamente, senza alcuna pretesa letteraria, possono non indegnamente comparire accanto a quelle celebratissime del fratello. E la ragione dell'attraenza loro è, sia pure in proporzioni minori, quella medesima che ci rende così care le lettere di Giacomo: l'essere esse sincere rivelazioni di sentimenti e pensieri, che ci toccano profondamente e ci commuovono or di

---

[1] *Rivista di cultura*, dicembre 1920, pag. 107.

ammirazione or di pietà, sprazzi di luce sopra il buio mistero di un'anima dolorante, di una anima che si sentiva sola in questo «formidabile deserto del mondo». «In tanta solitudine, dice il De Sanctis,[1]) la vita diviene un dialogo dell'uomo con la sua anima, e gl'interni colloqui rendono più acerbi ed intensi gli affetti rifuggitisi amaramente nel cuore, poichè loro mancò nutrimento in terra.»

Ma non solo per la importanza psicologica, bensì anche per le doti di stile, di spirito, di grazia, le lettere di Paolina si raccomandano alla posterità. Sono sgorgate dal cuore, in una intimità simpatica e schietta, per un bisogno dello spirito, spoglie di ogni ornamento, semplici insieme e vivaci. Di tali doti il primo e maggiore estimatore fu il fratello Giacomo, che allontanatosi da Recanati, alle prime lettere della sorella, ebbe la rivelazione di quest'altra sua virtù di scrittrice, virtù rimastagli fino allora ignota, e ne fe' parola alla sorella con affettuosa ammirazione.

Il 30 dicembre 1822 Giacomo le scriveva infatti: «Le vostre letterine e il vostro modo di scrivere, che io ho conosciuto per la prima volta dopo la mia partenza da costà, sono così gentili, che non solamente non paiono recanatesi, ma neanche italiane (sic!). Veramente io

---

[1]) *Saggi critici* (Napoli 1874), pag. 212 sg.

non vi so rispondere con quella grazia, che meriterebbero le vostre proposte. Non ho molto garbo nella galanteria, e di più temo, che, se volessi usarla con voi la mamma non abbruciasse le mie lettere o prima o almeno dopo di avervele date ».[1])

Nelle lettere di Paolina si ravvisa una mescolanza, che a prima giunta può parere strana, del *voi* e del *tu;* ma non per negligenza o distrazione; è, quasi direi, per un vezzo vivace e nativo: quando la materia il richieda, e il discorso si fa più intimo, ecco, naturalmente, sbocciare il *tu*, che diventerà poi definitivo. In qualche canto del popolo recanatese trovo queste medesime alternanze.[2]) Ne apporterò un esempio:

> Chi ha la libertà non s'incatena,
> Perchè la libertà vale un tesoro;
> Per voi, bellina, pato una gran pena;
> Se un'ora non vi vedo, bella, moro.
> . . . .
> Se un'ora non ti vedo, bella mia,
> Moro di voglia e di malinconia.

E le trovo anche nelle lettere del fratello. Ad esempio, una, del 19 marzo 1823, comincia: «Cara Paolina, scusate la tardanza della rispo-

---

[1]) *Epist.* I, n. 159, pag. 274.
[2]) *Canti editi e inediti del popolo Recanatese*, in C. ANTONA TRAVERSI, *Nuovi studii letterarii*, pag. 335 sgg. (vedi i numeri 1, 2, 3, 5, 8, 19, 12, ecc.).

sta...», e finisce: Addio, cara Paolina mia, stammi bene, ecc.» [1])

Del resto il Baretti, che di buon gusto se ne intendeva, in un discorso *dell'Ella, del Voi e del Tu*, pubblicato nella *Frusta letteraria*, [2]) così giudicava di queste mescolanze di forma: «Nè mancano gli esempi nei nostri meglio scrittori epistolari d'un *Voi* ed anche d'un *Tu* leggiadramente legato con *vossignoria*: la qual cosa, invece di cagionare afa e ribrezzo, produce anzi grazia, ed accresce dolcezza ed urbanità allo scrivere di chi sa veramente scrivere».

Talvolta, quando è in vena, e la malinconia non le infosca l'anima, sa assumere un tono scherzoso e quasi canzonatorio, che ci dimostra di qual gaiezza e di qual brio sarebbe stata capace quest'anima, se la vita avesse largito ad essa un po' dei suoi tesori. Si legga ad esempio, il ritratto giocoso che essa fece di sè stessa. L'amica non conoscendola di persona era desiderosa di averne le fattezze, ed ecco Paolina a descriversi così: [3]) «Mia madre non fece a tempo a sagrificare alle Grazie prima di partorirmi; gravida di sette mesi cadde dalle scale, ed io mi affrettai tosto di uscir fuori per godere questo bel mondo, di cui ora mi affretterei di uscire

---

[1]) *Epist.* I, n. 174, pag. 300.
[2]) BARETTI, *Frusta letteraria e Scritti critici minori*. Milano, 1877. II. pag. 394.
[3]) *Lettere*, pag. 63.

se potessi. Confesso dunque a te, o mia diletta, e a Nina, che Paolina Leopardi non è grande assai, non è grossa, non ha carnagione bianca, non ha capelli biondi, non ha occhi bianchi, non ha viso lungo, non ha bocca grande, non ha naso lungo — anzi il naso, ah! o forse per la fretta di uscir fuori, o perchè mamà aveva cattivi modelli innanzi agli occhi (come dice), il mio naso ha della rassomiglianza con quello di Rosselane a tempo di Solimano secondo. Vedi che con tanti negativi non è cosa troppo gustosa il fare il proprio ritratto: ma tu lo hai voluto: sia fatta la volontà tua!» Veramente con queste parole Paolina si deprezza troppo; ne conserviamo infatti il ritratto; e del resto il fratello, quando volle celebrarne le future nozze, non avrebbe certo cantato la potenza misteriosa della bellezza femminile, se ella non fosse stata bella.

Tal'altra sa colorire con rapidi tocchi una scena, reale o immaginata, e il quadretto che allora fa, assume una freschezza ed una vivacità di toni incomparabili. Anche qui basterà un esempio. La Brighenti è colla famiglia in campagna, in luogo amenissimo, e fa passeggiate fra i boschi, al chiaro di luna. La Paolina immagina una sua visita improvvisa, quasi un'apparizione, là, tra i boschetti, e così descrive l'immaginata gioiosa scena:[1]) Oh! Come vorrei

---

[1]) *Lettere*, pag. 209.

venire a goderne, a sorprenderti una sera al chiaro di luna, quando la mia amica se ne va a diporto tra i boschetti, o lungo le sponde del Panaro, tutta immersa nei più dolci suoi sogni! E se la sua mente si fissasse per un istante sulla sua Paolina, ed un sospiro indicasse il dispiacere di averla così lontana, quella da cui è tanto vivamente amata, un'ombra allora ti si appresserebbe, e il corpo che anima quell'ombra ti si getterebbe fra le braccia, e quando l'emozione le permettesse di parlare, eccomi, ti direbbe, son io! E allora incomincerebbe una vita che non vivo più da gran tempo, allora incomincerebbero i dolci ragionamenti, le spiegazioni, i racconti; allora dopo lunga passeggiata mi presenteresti ai tuoi, lasciando ad essi indovinare chi fosse quella che viene ad assidersi alla loro mensa come un'altra loro figlia; e già m'immagino che papà Brighenti mi salterebbe al collo, o io prima salterei al suo, e piangeremmo insieme al ripetere un nome che sarà sempre il nostro dolore». Libratasi così sulle ali dorate del sogno, la scrittrice lo tronca bruscamente, ed a conclusione di tutto pone una domanda scherzosa: «ora decidi s'io appartenga ai classici o ai romantici!».

Fu esortata più volte a mettere a profitto le belle attitudini sue, scrivendo. Non volle, neppure, come abbiamo visto, per narrare la vita del suo Giacomo: forse di fronte a quel grandioso esempio, pensava che il comporre opere potesse essere vana presunzione. « So bene che non è in mio potere di lasciare dopo di me un nome non indegno di associarsi a quello del nostro Giacomo »; ella scrisse.[1] Non altrimenti il fratello Carlo, che anche fu spirito colto ed arguto, esortato da Prospero Viani a scrivere, se ne schermì, adducendo che Giacomo aveva scritto per tutti due ed anche pei nipoti.[2]

Negli ultimi anni uscì di Recanati parecchie volte, e nel 1867 si recò in pio pellegrinaggio a Napoli a visitare la tomba del fratello, accoltavi e festeggiata con ogni segno di devozione e di onoranza.

A mano a mano che essa procedeva negli anni si andava in lei facendo più serena la visione del mondo, e si dileguava quel buio, che le aveva negli anni giovenili tanto fasciata l'anima di tristezza. Essa che, come Giacomo, aveva stimato la vita inutile miseria, ed aveva espresso tante volte l'acre desiderio di uscire da questo mondo, or credeva alla bontà del vivere e alla letizia della giovinezza, e dava conforto altrui, ed era desolata che l'esempio e la magìa di stile del suo Giacomo inducesse i giovani a tetri pensieri e a cupe malinconie. Era l'epoca in cui era venuto di moda un atteggia-

---

[1] *Lettere,* pag. 238.
[2] Viani. *Appendice all'Epistolario,* pag. LXXVII.

mento di sconforto, un'ostentazione di giovinezze sfiorite e di speranze deluse; desolazioni e sospiri, che traevano origine spesso da mera imitazione letteraria, e cioè dall'ammirazione sconfinata che destavano le opere del Leopardi e del Foscolo, e dalla potente efficacia che esse avevano sugli intelletti e sui cuori; ma gl'intelletti più proni a malinconie ed i cuori più deboli acquistavano l'abito di quel fosco vedere, che deprimeva le energie della vita. « L'influenza del Leopardi, scriveva il Gregorovius nel 1858,[1]) sui giovani poeti d'oggidì — essi delirano ancora per lui — è grandissima, ma forse non troppo sana. La sua forma classica e pura, la sua bella lingua possono prendersi a modello di perfetto stile, ma la fantasia poco può attingere ad un poeta che compone liriche senza immagini e senza metafore, ma solo con pensieri; la mente non può troppo esaltarsi al disperato nichilismo di una nobile anima, corrosa dal dubbio e dallo sconforto. La poesia di questo elevato e solitario spirito è formata dal grido straziante non solo della sua patria, ma dell'umanità intera, la quale piange sul destino particolare, e, possiamo dire, eccezionale di un solo uomo: il poeta. Il suo modo di considerare l'esistenza è la scuola peggiore che si possa offrire ad un essere, che

---

[1]) *Passeggiate per l'Italia* (trad. Corsi), Roma, Ulisse Carboni, 1908, vol. III. pag. 259.

nell'esistenza debba lottare.» Io non esaminerò le varie parti di questo giudizio: non mi dilungherò a mostrare come nel Leopardi la potenza dell'intelletto non vada disgiunta dal fulgore della fantasia, e come le immagini sieno bensì sobrie e convenienti, ma appunto per questo più efficaci; e come, se nel grido straziante del poeta si sente l'umanità intera che piange sul destino eccezionale di un uomo solo, gli è perchè quell'uomo solo vuole e sa assurgere a significato universale e a simbolo dell'umanità intera; io rileverò solo quel che il Gregorovius dice degli effetti che quella poesia produceva sopra animi giovenili, cui si infiacchivano le energie combattive, e si abbuiavano le luci della vita. Fu mal vezzo di spiriti deboli, che volevano assumere sembianze di superiorità con questi atteggiamenti di desolazione e di noia del mondo. Paolina doveva soffrire profondamente, che tutto questo si mettesse in conto del suo Giacomo e che il nome di lui fosse invocato, e le sentenze addotte, da chi guardava bieco alla vita e non ne nutriva nel petto il religioso amore. E si adoperò a contrapporre a tutto questo parole buone, parole luminose di speranza, vibranti di fede; forse non immemore che quando essa stessa si era abbandonata nella giovinezza al piangere e al disperarsi, Giacomo aveva avuto per lei espressioni di conforto insieme e di rimprovero;

ed una volta le aveva perfino scritto: «il turbamento e l'agitazione che mi dipingete nella vostra lettera, mi fa troppa compassione, anzi arriva a parermi un poco reprensibile ». [1]) Con calore di eloquio e con sollecitudine quasi materna, nel 1865 Paolina, che era ormai nell'età matura, e aveva domate le passioni ribelli, e raggiunta una più tranquilla visione della vita, si adoperò in una lettera, testè venuta a luce, [2]) a sgombrare le ubbìe e a riportare il sereno nell'animo di un giovanetto, anch'egli invaso da quella desolante malattia dei tempi. «Però mi duole di vedere in voi, ella scrive, sentimento di sì grande e doloroso sconforto. Io nulla so della vostra vita, della vostra condizione — ma so che siete giovine, amante degli studii, applicato, faticante — e perchè dunque sì grande sconforto? Vi si apre adesso il ridente cammino della vita — sotto un cielo beato, nella età la più bella di tutte, e per conseguenza aperta ad una prospettiva di felicità; e perchè dunque sì grandi e profondi lamenti?

---

[1]) *Epist.* I, pag. 313, n. 181 (19 aprile 1823). — Altre volte i conforti di Giacomo a Paolina erano stati più teneri e appassionati: " Vorrei poterti consolare e procurare la tua felicità a spese della mia „. ecc. (28 gennaio 1823; *Epist.* I, pag. 286, n. 166).

[2]) Opuscolo *per nozze Panizzi Passalacqua*. Lettere di illustri italiani al prof. FRANCESCO GUARDIONE, Bologna, 1920; vedi *Di libro in libro*, Bologna, Zanichelli, novembre-dicembre 1920, pag. 13. La lettera è del 15 febbraio 1865.

Oh, non imitate in ciò il mio povero Giacomo — è questo il suo torto — di aver disperato dell'avvenire. Io spero e voglio credere che il mio giovinetto Guardione sia buono e religioso — educato a sentimenti di cristiana e sana filosofia, che in forza di questa educazione ben sappia cosa credere e cosa sperare, sicchè non si abbia a dare in preda a malinconie sì fiere, a disperazione sì profonda. Io voglio sentirlo incoraggiato e fidente intraprendere il cammino della vita, sempre ridente a giovine valoroso per ingegno e candido di animo delicatissimo. Così voglio sentire il mio giovinetto — raccomando anche vivamente alla sua sorellina sì buona ed amabile il confortarlo colla sua viva affezione e mostrargli che non è poi sì desolata la vita, quando se ne prende il retto sentiero ». — L'età provetta dunque aveva sgombrato da quest'anima le tenebre, che la giovinezza vi aveva addensato.

Paolina morì a Pisa il 13 marzo 1869. Teresa Teia, seconda moglie del fratello Carlo, era accorsa al suo capezzale, e degli ultimi suoi giorni narrò, che al suo arrivo essa le mostrò una lettera che le scriveva, dicendole con la sua grazietta infantile: «Hai fatto bene a venire, perchè non so come avrei continuato a scrivere». Due giorni dopo si spense. Dorme ora, per sua espressa volontà, nella chiesa di Santa Maria di Varano in Recanati. L'iscrizione posta sulla sua tomba dal fratello Carlo e dalla moglie Teresa, iscrizione modesta, come la sua vita e il suo carattere, così reca:[1])

PAOLINA LEOPARDI

NATA IN RECANATI IL 1.° OTTOBRE 1800
MORTA IN PISA IL 13 MARZO 1869
VOLLE ESSER QUI RICONDOTTA
A DORMIRE FRA I SUOI CARI
ANIMA DOLCE
TERESA TUA
CHE CORSE PER TROVARSI ALLA TUA PARTENZA
E CARLO
CHE PER ULTIMO NOMINASTI
POSERO QUESTO SEGNO DI UNA MEMORIA
CHE DURERÀ IN LORO QUANTO LA VITA

Ora ben altro è il tipo della donna presentato e idoleggiato nella letteratura, può ben dirsi, mondiale: una donna dalle torbide passioni e dal contegno procace, incurante della famiglia, obliosa di doveri, avida di piaceri: la vergine, la sorella, la sposa, la madre non esistono più. Ma nel fondo del nostro cuore, nella parte più intima dei nostri ricordi e dei nostri affetti, noi tutti alimentiamo la speranza e il desiderio che torni il culto per l'antico tipo della donna, che ha formato la forza e la grandezza della famiglia italiana; della donna che co-

---

[1]) Vedi E. BOGHEN-CONIGLIANI, *La donna nella vita e nelle opere di Giacomo Leopardi*, pag. 115.

nosce le orgogliose ripulse e le magnanime rinunzie, che sa soffrire e tacere, che circonda l'amore di un triplice velo, di pudore, di silenzio e di ombra, che sa fare della famiglia un sacerdozio e della casa un tempio. Di questa femminilità Paolina Leopardi può ben dirsi nobilissimo simbolo.

FINE.

Ingram Content Group UK Ltd.
Milton Keynes UK
UKHW030022100323
418309UK00008B/598